LES ÉVANGILES DES PARENTS

Olivier Le Gendre

Les Évangiles des parents

 ANNE SIGIER

1073, boul. René-Lévesque Ouest • Québec Canada • GIS 4R5 • (418) 687-6086

Dépôt légal : Bibliothèques nationales du Québec et du Canada
4ᵉ trimestre 2004

ISBN 2-89129-464-5

Imprimé au Canada
Tous droits réservés © Éditions Anne Sigier, 2004

Diffusion et distribution :
Canada : Messageries ADP — France : AVM
Belgique : Alliance Services — Suisse : Albert le Grand

www.annesigier.qc.ca

• Cet ouvrage n'est admissible à aucun programme de subvention gouvernementale canadien.
• En raison de leur spécialisation et de leurs politiques éditoriales,
les Éditions Anne Sigier ne reçoivent aucune aide financière du Conseil des arts du Canada.

JAMAIS HOMME N'A PARLÉ…

*L*A FOULE [1] était divisée à l'égard de Jésus, et incertaine. Quelques-uns le reconnaissaient pour prophète, d'autres lui attribuaient de confiance le titre de Christ, c'est-à-dire de Messie, celui qui, oint par Dieu, est le fils de David, le nouveau roi attendu. D'autres encore s'étonnaient puisque les prophéties annonçaient que ce Christ viendrait de Bethléem, le village de David justement, alors que ce Jésus était connu pour venir de Nazareth en Galilée.

Les dignitaires, les grands prêtres et les pharisiens avaient clairement arrêté leur opinion, s'étaient pour ainsi dire fait une religion : cet homme était dangereux, il fallait l'empêcher de nuire quand il était encore temps, le stopper avant que son influence ne grandisse trop, avant qu'il ne change l'ordre des choses. Ils décidèrent donc de le faire interpeller et envoyèrent des gardes se saisir de lui.

Ces gardes qui, par métier, n'ont pas d'état d'âme particulier à utiliser la force et sont moins impressionnables que d'autres reviennent bredouilles de leur mission, se sentant incapables de la mener à bien.

Inévitablement, cette première tentative inaboutie sera renouvelée quelques mois plus tard, au jardin des Oliviers, au petit matin, et cette fois elle conduira à la crucifixion.

Pour l'heure, les grands prêtres et les pharisiens n'obtiennent pas ce qu'ils voulaient : ce Jésus n'est pas appréhendé.

---

1. Jean, chapitre 7, versets 40 à 52. Toutes les citations bibliques sont tirées de la traduction Osty.

À ces dignitaires sourcilleux qui les apostrophaient en disant : « Pourquoi ne l'avez-vous pas amené ? » les gardes répondirent : « Jamais homme n'a parlé comme parle cet homme ! »

Les gardes, la foule, l'homme de la rue ont ressenti instinctivement la différence, l'opposition très marquée entre l'enseignement de Jésus et ce qu'ils avaient l'habitude d'entendre de la part des responsables de l'époque.

C'est au nom de cette différence que ce livre est écrit, que ces méditations sont proposées, parce que jamais homme n'a parlé comme parle cet homme, Jésus, Fils de Dieu.

L'Évangile a quelque chose à me dire, a quelque chose à nous dire, quelle que soit la circonstance de notre existence.

Peut-être l'aide qu'il nous apporte et la lumière qu'il irradie ne sont-elles pas immédiatement perceptibles, peut-être ne sommes-nous pas toujours aussi réceptifs qu'il le faudrait, mais nous pouvons en porter témoignage : jamais l'Évangile ne nous fait défaut.

Peut-être avons-nous entendu si souvent tel ou tel texte que nous avons du mal à imaginer y trouver un éclairage nouveau. Peut-être, au contraire, ignorons-nous tel ou tel autre et passons-nous à côté d'une découverte sans le savoir.

Ce livre repose sur un pari de départ qui en explique l'intention : l'Évangile a quelque chose de précis à dire aux parents ; il résonne en leurs cœurs d'une sonorité particulière, il les accompagne dans leurs soucis, leurs joies et leurs peines en donnant à ceux-ci une dimension qui surprend.

Ce pari est un acte de foi : si j'ai entrepris ce livre, c'est parce que je faisais confiance à l'Évangile, parce que je voulais entendre les paroles que le Fils de Dieu nous a adressées il y a deux mille ans, parce que j'étais convaincu que ces paroles transformeraient notre vision du monde, le regard que nous portons sur nos enfants, notre vie intérieure elle-même.

Au bout de cette redécouverte de douze textes de l'Évangile, je ne suis pas déçu : il y a des Évangiles pour les parents, un message laissé par le Christ à leur intention, des textes qu'ils peuvent chérir et dont ils peuvent s'inspirer, des paroles du Christ qu'ils peuvent écouter et entendre sans qu'elles les lassent.

Pour autant, l'Évangile n'est pas un traité d'éducation qui donnerait directement les mécanismes de celle-ci ou mettrait à nu les ressorts psychologiques qui interviennent dans la relation entre les parents et les enfants.

L'Évangile va plus loin que cela, et plus profond en nos cœurs : il change nos regards sur nous-mêmes et sur nos enfants, il nous installe à notre juste place, il nous nourrit de l'intérieur, il nous permet de relier notre rôle de parents à notre vie spirituelle.

Au terme de ces douze méditations, je me suis interrogé, comme vous le ferez peut-être, sur la raison de cette incroyable proximité découverte dans l'Évangile. Plusieurs raisons me sont apparues, liées à chacun des textes que j'ai retenus, mais une les englobe toutes, et elle est profondément bouleversante pour le père que je suis, pour les parents que vous êtes. La voici.

L'Évangile dessine les contours d'un autre monde où les valeurs sont différentes, où les aspirations changent de direction, où les espoirs portent d'autres noms. Il en est de même pour l'éducation des parents à l'égard de leurs enfants : les valeurs qui sont en jeu sont différentes de celles du monde qui existe au-delà de la famille.

Dans l'Évangile comme dans l'éducation, c'est le petit qui a la priorité, c'est celui qui frappe sans cesse à la porte à qui l'on ouvre, c'est celui qui donne sa confiance qui grandit, c'est la confiance donnée qui fait grandir, c'est l'autorité qui est un service, c'est le pardon qui l'emporte sur la prétendue justice, c'est la discrétion qui porte plus de fruits que la gloriole.

Ces valeurs d'un autre monde, qui sont à la base de l'éducation, sont des valeurs révélées par l'Évangile. Chacune d'entre elles est illustrée par une parole de Jésus. Ainsi, la priorité donnée au petit nous est enseignée dans l'Évangile de Marc, au chapitre 9. La discrétion qui porte plus de fruits que la gloriole vient de l'Évangile de Luc, au chapitre 18. Le pardon qui l'emporte sur la justice est illustré dans l'Évangile de Luc, au chapitre 15.

Cette concordance entre les valeurs de l'éducation et celles de l'Évangile est saisissante tout au long de ces douze méditations. Elle nous introduit dans un mystère lumineux : notre rôle de parents est un rôle évangélique qui nous confère une singulière dignité.

Ces douze textes évangéliques nous portent comme parents, l'Évangile dans son ensemble nous conduit, et, inversement, nous portons l'Évangile en tant que parents, nous le manifestons, nous l'exprimons, nous lui rendons témoignage, nous l'annonçons, peut-être sans parole particulière, mais par notre être même de parents, par notre responsabilité, par notre action de parents.

Il y a des moments de joie intense dans la vie de parents, et aussi des temps de désert et de peine proches de l'insupportable. Il y a des enthousiasmes et des fatigues, des actes de confiance incroyables et des inquiétudes à terrasser sur place celui qu'elles atteignent.

Il y a tout cela que nous connaissons, mais il y a une réalité qui traverse tous ces moments et tous ces sentiments sans les nier, une réalité dont nous n'avons peut-être pas toujours une claire conscience : par notre vie de parents, par notre action de parents, par nos silences de parents comme par nos paroles de parents, par nos espoirs comme par nos déceptions, nous sommes des acteurs d'Évangile, des porteurs d'Évangile, des témoins d'Évangile.

Nous menons des vies d'Évangile, même si nous ne parlons pas directement de l'Évangile, même si nous ne vivons pas toujours selon les enseignements de l'Évangile. Le lien qui existe entre l'Évangile et les parents est indestructible. Ce lien inscrit dans le titre de ce livre est un don précieux que j'ai voulu partager avec vous.

Mon épouse et moi avons cinq enfants dont les âges s'étalent entre 27 et 16 ans, trois garçons et deux filles. Nous avons donc connu toutes les étapes du développement d'un enfant, puisque le premier est marié à son tour.

Nous avons connu les mêmes inquiétudes et les mêmes sentiments d'imperfection, la même crainte d'échec que connaissent tous les parents.

Nous ne sommes pas une famille modèle.

Les choix de nos enfants les ont, pour certains d'entre eux, conduits à ne pas pratiquer la foi que nous voulions partager avec eux. Leurs orientations professionnelles sont diverses, leurs goûts et leurs tempéraments aussi.

Nous ne sommes pas des théoriciens de l'éducation, juste des praticiens, portés d'abord par notre amour, ensuite par notre instinct, puis par quelques découvertes, et enfin par quelques nuits d'insomnie.

Ce livre n'est pas un traité d'éducation, c'est une méditation de l'Évangile par un père de famille qui y a découvert une vérité plus profonde que celles qu'il avait jusque-là croisées, une vérité plus nourrissante, une lumière sur sa route.

Douze méditations, donc. Afin de faciliter la lecture, le texte de l'Évangile sur lequel elles s'appuient est rappelé en fin de chaque chapitre. Le texte évangélique est plus important que la méditation : vous pourrez ainsi vous y reporter à loisir, avant de lire le chapitre, pendant, après…

Pourquoi ce livre? Parce que celui de qui on a dit: «Jamais homme n'a parlé comme parle cet homme!» nous a laissé, à nous, parents, un viatique dont je voulais me faire l'écho.

Évangile de Jean, chapitre 7, versets 40 à 46

Dans la foule donc, plusieurs qui avaient entendu ces paroles disaient: «Celui-ci est vraiment le prophète!» D'autres disaient: «C'est le Christ!» Les autres disaient: «Est-ce bien de Galilée que le Christ doit venir? L'Écriture n'a-t-elle pas dit que c'est de la descendance de David et de Bethléem, le village où était David, que doit venir le Christ?» Il y eut donc une division dans la foule à cause de lui. Certains d'entre eux allaient l'appréhender, mais personne ne porta les mains sur lui.

Les gardes vinrent donc vers les grands prêtres et les pharisiens, et ceux-ci leur dirent: «Pourquoi ne l'avez-vous pas amené?» Les gardes répondirent: «Jamais personne n'a parlé comme parle cet homme!»

IL PARLAIT AVEC AUTORITÉ...

S<small>A VIE</small>, dira-t-on plus tard, était cachée. Comme s'il avait fallu attendre avant qu'il se révèle aux yeux de ceux qui voudraient bien le reconnaître.

Jusqu'à 30 ans sans doute, sa vie fut donc cachée. Il partageait son temps entre son atelier de charpentier, la synagogue et ces longs temps intérieurs, lieux intimes où se préparent les destinées.

Puis il avait laissé là cette vie semblable à toutes les vies de son époque, et il était parti sur les routes. Première halte au Jourdain, où il entend cette voix, «partie des cieux, qui disait: ‹Celui-ci est mon Fils, le Bien-aimé, qui a toute ma faveur[1].›»

Il avait rencontré quelques hommes qu'il avait appelés à sa suite, et ceux-ci l'avaient suivi tandis qu'il parcourait la Galilée. Il annonçait la Bonne Nouvelle: Dieu est un Père pour les hommes.

Il rencontra des malades, des malades du corps, des malades de l'esprit, des malades de l'âme aussi.

Et il les guérissait, donnant à la Bonne Nouvelle un caractère d'efficacité immédiate.

Puis, dit Matthieu, il monta sur une colline et la foule le suivit, et il commença à l'enseigner.

Long discours que ce Sermon sur la montagne. Sans doute d'ailleurs effet littéraire dû à Matthieu lui-même qui a choisi de réunir dans un même lieu et un même moment un ensemble de paroles du Christ: il

---

1. Matthieu, chapitre 3, verset 17.

est peu probable que toutes les paroles de Jésus qui composent ce discours aient été prononcées le même jour.

Jésus qui parle, la foule qui écoute, l'Évangile en action.

Il commença ainsi : «Heureux ceux qui ont une âme de pauvre, heureux les doux, ceux qui ont faim et soif, heureux êtes-vous, heureux serez-vous, heureux, heureux [2]…»

Heureux, voulons-nous être nous-mêmes. Heureux, aimerions-nous que nos enfants soient, le deviennent, le restent durant leur existence, cette existence qu'ils n'ont pas demandée, cette existence que nous leur avons donnée.

Il continue : «Vous êtes le sel de la terre, vous êtes la lumière ; que votre lumière brille devant les hommes.»

Autrement dit, vous avez reçu une grâce et vous hébergez un idéal : faites-les connaître ! Nos espoirs pour nos enfants, notre désir qu'ils grandissent, portent du fruit, à quelque chose soient utiles.

Et il poursuit : «Je ne suis pas venu abolir la loi, mais la compléter.» On vous a dit : «Ne faites pas ceci, ne faites pas cela» ; eh bien ! moi, je vous donne une autre exigence, supérieure. Il ne suffit pas de ne pas tuer, il faut aussi que tu ne te mettes pas en colère contre ton frère !

Dire la loi. Bien plus ! en montrer le sens, l'esprit derrière la lettre. Pas seulement exiger un comportement, une observance, mais révéler la vérité cachée, le pourquoi. Donner du sens à ce qui pourrait apparaître comme une contrainte extérieure, ce qui pourrait être rejeté simplement parce que c'est une contrainte.

Puis Jésus donne le témoignage de ces moments bouleversants d'intimité avec son Père : «Entre dans ta resserre (en fait dans un endroit

---

2. Matthieu, chapitres 5, 6, 7.

isolé), ferme ta porte et prie ton Père qui est présent dans ce qui est secret... » Prie ainsi : « Notre Père... ».

Ouvrir son enfant à la vie intérieure, celle qui se nourrit dans l'invisible. Désigner ce monde qui est dans le secret. Et puis renvoyer notre enfant à sa première origine, sa divine origine. Nous sommes les parents de nos enfants, mais ils sont les fils et les filles du Père, comme nous le sommes nous-mêmes.

Et, un peu plus tard : « Ne jugez pas ! Retirez la poutre que vous avez dans l'œil : vous verrez mieux ensuite pour retirer la paille qui est dans l'œil de votre frère ! »

Ne pas focaliser notre attention sur les insuffisances de nos enfants, avoir conscience que nous sommes nous-mêmes insuffisants. Reconnaître que nous devons être nous-mêmes sur un chemin de progrès, de conversion. Comprendre que le dynamisme intérieur de nos vies est contagieux. Si nos enfants nous voient bouger dans la joie, ils auront envie eux-mêmes de bouger, de progresser, d'avancer et de connaître cette joie.

La foule et les disciples ont écouté ces paroles qui donnent du sens à ce qui peut-être en avait perdu. Paroles nouvelles qui donnent envie de se mettre en marche, de grandir.

Puis Jésus se tut. Sans doute le silence dura-t-il pour laisser le temps à chacun de recueillir ce qui avait été dit. Moment de recueillement particulier qui fait dire à Matthieu : « Lorsque Jésus eut achevé ces discours, les foules étaient frappées de son enseignement ; car il les enseignait comme ayant pouvoir [ou autorité] et non pas comme les scribes [3]. »

---

3. Matthieu, chapitre 7, versets 28 et 29.

Le garde, la foule, l'homme de la rue ressentent instinctivement la différence, l'opposition très marquée entre l'enseignement de Jésus et l'enseignement des scribes. Le premier parle avec autorité, les seconds, on le sait, enseignaient avec autoritarisme.

D'où vient cette autorité perceptible de Jésus? Au-delà de sa condition particulière de Fils de Dieu, d'où venait que les foules l'écoutaient, le suivaient, ressentaient que quelque chose d'autre était à l'œuvre?

Bien longtemps, je me suis interrogé sur ce qui faisait cette différence, me disant que le découvrir pourrait donner des chemins plus clairs dans mes rapports avec mes enfants.

Chacun peut tenter une expérience facile: aller chercher quelques paroles du Christ rapportées dans les Évangiles et en comparer la teneur et le style à des paroles d'apôtres (Pierre, Jean…) ou à celles de Paul dans ses épîtres. Ces disciples sur lesquels reposa la première expansion de l'Église ont un discours d'hommes portés par une humanité contraignante. Le «je psychologique» est présent, presque envahissant. Pierre qui cherche sa voie à travers son enthousiasme et sa spontanéité, qui chute et se relève. Paul qui se justifie, se raconte, se met en scène.

La Bible elle-même est remplie de la fureur des hommes, et parfois de celle de Yahvé quand les hommes projettent sur lui leur propre humanité.

Les paroles du Christ, pour leur part, sont d'une transparence totale, libérées de la gangue d'une individualité contraignante. Le Christ est bien homme, mais son incarnation, contrairement à notre humanité, ne l'enferme pas dans les limites d'un «moi» qui se débat et s'interroge, veut progresser et échoue.

Chacun peut faire cette expérience et découvrir à quel point le style des paroles du Christ est différent du style des paroles des hommes qui l'entouraient et des hommes que nous sommes.

Et cela est perceptible même à travers les filtres successifs que constituent la tradition orale qui a rapporté ses paroles et la rédaction elle-même réalisée à partir de cette tradition orale.

Un jour, les apôtres dirent à Jésus [4] : « Vers qui nous irions-nous ? Tu as les paroles de la vie éternelle. »

Les paroles pour gagner la vie éternelle, pouvons-nous comprendre. Mais aussi les paroles de vie éternelle, les paroles d'éternité, ces paroles qui possèdent une saveur d'éternité. Les mots de Jésus, Fils de Dieu, sont des mots éternels, dans ce sens qu'ils ne sont pas enfermés dans une psychologie contingente, dans une histoire personnelle troublée, dans des intentions d'orgueil ou de peur, de désir personnel. Ils sont éternels et l'histoire le montre : ils traversent le temps et nous y découvrons chaque fois quelque chose de nouveau, une occasion de vie.

Lisez l'Évangile, écoutez-le. Surtout, attachez-vous aux paroles du Christ, Fils de Dieu. Tendez l'oreille, laissez votre cœur se concentrer, et vous entendrez chaque fois que Jésus dit ce qui est, ce qui est porteur d'espoir, ce qui rejoint le cœur profond de l'interlocuteur, ce qui sonne juste.

L'Évangile nous transforme moins parce que nous y répondrions par nos efforts que parce qu'il sonne vrai, parce qu'il résonne de manière inimitable, et que, petit à petit, nous reconnaissons cette sonorité et que nous devenons heureux de la percevoir. Et nous nous attachons à elle, et nous la recherchons et la guettons, et elle commence à nous manquer quand nous nous en éloignons.

Il y a un lien irréductible entre autorité et vérité. L'équilibre et le succès de la première reposent sur la présence de la seconde.

---

4. Jean, chapitre 6, verset 68.

Si Jésus parlait avec autorité, je crois que c'est parce qu'il disait la vérité. La vérité à la Samaritaine sur ses multiples maris[5], la vérité à Zachée sur son attente encore informulée[6], la vérité à Pierre sur ses faiblesses et sur sa capacité à devenir ce qu'il n'est pas encore[7].

Écoutez les paroles importantes de Jésus, celles qui annoncent un monde nouveau, qui ouvrent les perspectives de salut. Elles commencent presque toutes par : « En vérité, je vous le dis… »

Dans la traduction de Jérusalem, le mot « vérité » est employé 100 fois dans l'Évangile dans la bouche du Christ. Seul le mot « Père » avec une majuscule est employé plus souvent (près de 150 fois).

L'autorité vient de la vérité, sinon elle se résume à une technique de commandement, à un énervement, à une colère, à l'affirmation de soi au détriment de l'autre. L'autorité existe de manière fructueuse dans la mesure où elle s'inspire de la vérité, où elle s'appuie sur elle, où elle la dit.

Jésus parlait avec autorité, car il était dans la vérité, car il était la Vérité. Trois formes de vérité à rechercher par nous, parents, à l'imitation des trois formes de vérité totalement abouties chez Jésus.

- *Vérité de soi-même, d'abord.*

L'autorité n'est pas un rôle, mais un service. Ce n'est pas un pouvoir qui s'exerce, c'est une mission qui s'assume.

L'autorité n'est pas le fruit de techniques, mais trouve une de ses sources dans la sincérité et la conviction.

Suis-je moi-même quand j'exerce une autorité, acceptant de me présenter tel que je suis, sans artifice, qualités et défauts mêlés, prêt à renoncer à la manipulation ?

---

5. Jean, chapitre 4, versets 7 à 27.

6. Luc, chapitre 19, versets 2 à 11.

7. Matthieu, chapitre 26, verset 34.

Je n'ai pas besoin de me mettre dans une position de domination : je sais bien que je ne suis pas parfait.

Les enfants jeunes ont certes, par désir de sécurité, besoin de croire que leurs parents sont tout-puissants. Accepter ce rôle de protection, mais ne pas se laisser prendre au jeu.

Les adolescents ont besoin de notre solidité face à leur désir de se confronter. Ils ont besoin aussi de savoir que nous ne sommes pas parfaits, que nous avons nos faiblesses et nos peines. Refuser la domination à leur égard qui pourrait leur faire croire qu'ils ne seront jamais à notre hauteur. Combien de jeunes ne s'estiment pas eux-mêmes et se jugent durement, en état d'infériorité à l'égard de leurs parents !

Accepter d'être hésitants si nous le sommes parfois, expliquer pourquoi nous prenons telle décision, montrer comment nous essayons de discerner le bien et le moins bien, inviter à réfléchir, à partager le processus de décision quand l'enfant commence à prendre doucement le chemin de l'autonomie de la personne.

Notre recherche de la vérité de nous-mêmes est un chemin qui, jamais, n'est clos. Continuer à apprendre à nous connaître, à nous simplifier intérieurement, renoncer peut-être à de l'inutile qui nous encombre et qui était nécessaire à une époque, mais nous empêche aujourd'hui d'avancer.

• *Vérité de l'autre, ensuite.*

L'autorité ne sert pas seulement à organiser et à conduire, à décider et à faire admettre, mais d'abord à permettre à chacun de se découvrir et de se révéler tel qu'il est.

Autorité vient du latin *auctor,* dont le sens est saisissant : « celui qui fonde, accroît, fait grandir ».

Faire grandir celui sur lequel on exerce une autorité, le guider – souvent discrètement – dans la découverte de ce qu'il est, personne unique. L'aider à se révéler à lui-même ses capacités de progrès.

Nous sommes les auteurs de la vie de nos enfants, nous avons fondé chacun d'eux, nous les avons fait croître, nous les aidons à grandir.

Notre autorité est l'action que nous menons pour que chacun de nos enfants, petit à petit, découvre la réalité de ce qu'il est, la vérité de ce à quoi il est appelé, la vérité du monde.

Ce travail d'éveilleur, de guide, est un travail d'autorité au sens vrai du terme.

• *Vérité des situations, enfin.*

Dire ce qui est, même si c'est difficile. Montrer la vérité inspire la confiance. On obéit mieux quand on sent que l'autre dit vrai. Il ne s'agit pas tant de démontrer que de faire reconnaître la vérité.

Aider au discernement dans les choix. Ne pas mentir, les enfants le sentent et en sont déstabilisés. Ne pas cacher envers et contre tout. Il vaut mieux expliquer une situation difficile que de laisser s'enkyster une impression amère saisie au vol par un enfant.

Et puis, vérité de la diversité. Comprendre que les besoins de chacun de nos enfants sont différents. La justice n'est pas l'uniformité. Accepter d'exercer son autorité avec des nuances accordées aux personnalités, aux moments, aux événements. Dire certes, mais souplement.

Les personnes autoritaires sont dangereuses parce qu'elles imposent leurs propres tourments intérieurs ou plaquent leurs visions trop réductrices sur des situations dont elles nient la spécificité. Elles privilégient leurs vues à la prise en compte de la réalité. Elles s'affirment elles-mêmes plutôt que de vouloir servir.

Aider nos enfants à reconnaître la vérité des situations, à en discerner les raisons, les mouvements. Les aider à mettre le doigt sur la vérité, à la reconnaître, à la vouloir, à l'aimer.

« Il y avait parmi les pharisiens un homme du nom de Nicodème[8]. »

Parmi les pharisiens, c'est-à-dire parmi ceux qui n'enseignaient pas avec autorité.

Jésus accueille ce chef des Juifs qui le visite de nuit et lui fait la réflexion suivante : « Personne ne peut faire ces signes que tu fais, si Dieu n'est avec lui. »

Jésus conclut la conversation par cette phrase absolument saisissante : « Celui qui pratique la vérité vient à la lumière. »

Notre autorité amène-t-elle de la lumière ou de l'obscurité ? De la lumière en nous, de la lumière pour nos enfants, de la lumière dans la situation.

L'efficacité de notre autorité n'est pas dans l'obéissance bouche cousue, mais dans le progrès qu'elle permet, dans l'acte de grandir qu'elle suscite.

Bien sûr, il y a les interdits, car il faut qu'ils existent, surtout à un certain âge. Bien sûr, il y a les situations dangereuses qu'il faut prévenir. Jamais, cependant, notre autorité ne saurait se réduire à ces moments de commandement.

Bien plus, ces moments de commandement seront reçus et acceptés d'autant plus facilement que notre autorité aura permis de pratiquer la vérité, de la faire découvrir et aimer, dans la mesure où ainsi nous aurons permis à nous-mêmes et à nos enfants de venir à la lumière.

La vie de parents est une vie intérieure avant d'être une vie submergée par les tâches, car les tâches submergeront si la vie intérieure s'affadit.

Chacun peut prendre au sérieux cette phrase du Sermon sur la montagne : « Vous êtes la lumière ; que votre lumière brille devant les hommes. »

---

8. Jean, chapitre 3, versets 1 à 21.

Nous sommes la lumière, nous sommes des enfants de lumière nous-mêmes et nous avons pour tâche d'amener nos enfants à la lumière.

C'est en nos âmes que naît la lumière, c'est là que se tient la vérité, car c'est là qu'elle a été installée par notre Père des cieux.

Chacun de nos enfants, comme fille ou fils aimé du Père, possède en son âme cette vérité. Chacun d'eux est lumière pour les hommes. Notre autorité est au service de l'éclosion de cette lumière, au service de sa découverte par notre enfant lui-même.

L'Évangile, si nous le fréquentons assidûment, peut nous rendre meilleurs parents, je vous l'assure.

Pourquoi le Christ parlait-il avec autorité? Pas comme les scribes qui savaient tout de la loi mais en refusaient la lumière. Le Christ répond lui-même à cette question : je suis « un homme qui vous ai dit la vérité que j'ai entendue de Dieu [9] ».

Le Christ a les paroles de vie éternelle. Il les a entendues de Dieu, son Père. Il nous les a transmises. Dans l'Évangile justement.

Lire l'Évangile, c'est entendre la vérité de Dieu.

Évangiles de Matthieu et de Jean

Lorsque Jésus eut achevé ces discours, les foules étaient frappées de son enseignement, car il les enseignait comme ayant pouvoir [ou autorité] et non pas comme les scribes (Matthieu 7,28-29).

Je ne suis pas venu abolir la loi, mais la compléter (Matthieu 5,17).

Ne jugez pas! Retirez la poutre que vous avez dans l'œil : vous verrez mieux ensuite pour retirer la paille qui est dans l'œil de votre frère! (Matthieu 7,1-5).

Jamais homme n'a parlé comme parle cet homme! (Jean 7,45-46).

---

9. Jean, chapitre 8, verset 40.

Vers qui nous irions-nous ? Tu as les paroles de la vie éternelle (Jean 6,68).

Celui qui pratique la vérité vient à la lumière (Jean 3,21).

Je suis un homme qui vous ai dit la vérité que j'ai entendue de Dieu (Jean 8,40).

POUR LE PRÉSENTER AU SEIGNEUR [1]...

JOSEPH regardait les tourterelles s'agiter un peu, les ailes entravées, anticipant déjà leur sacrifice, prévenues par les cris de celles qu'on sacrifiait déjà. Elles savaient tout, bien sûr, depuis des siècles vouées au même destin, offrandes de substitut, substitut d'Isaac, le fils lié sur l'autel par Abraham son père, substitut de l'agneau de la fuite en Égypte.

Les tourterelles étaient les dons des pauvres qui viennent présenter leur premier fils au temple, signe que l'aîné mâle est offert au Tout-Puissant.

Les tourterelles sont l'offrande des pauvres ; les riches font des offrandes plus coûteuses. Mais, même pour les pauvres, les tourterelles sont chères aux portes du temple. Il faudrait sans doute que quelqu'un ose renverser les échoppes des marchands, leur crie leur indignité, leur rappelle que les pauvres sont pauvres et qu'eux sont trop riches pour camper aux portes de la maison de Dieu.

Joseph a acheté les tourterelles qu'il pouvait, ni les plus belles ni les plus chères. Deux jeunes tourterelles, l'une blanche, et l'autre, étrangement, noire. Deux tourterelles dépareillées qui voudraient s'envoler à tire-d'aile.

Marie tient l'enfant dans ses bras, Joseph les deux tourterelles. Ils se fraient un chemin dans la foule, se rapprochent instinctivement des jeunes pères et des jeunes mères qui, comme eux, portent tourterelles et nouveau-né.

---

1. Luc, chapitre 2, versets 22 à 33.

Où aller déposer les tourterelles, où dire les prières de purification ? Joseph est soucieux de bien faire selon la loi, il n'a pas conscience sans doute de la bizarrerie de ce qu'il exécute. Deux tourterelles pour racheter son fils, prix à payer pour le garder, alors que la loi voudrait qu'il soit entièrement donné à Dieu.

Deux oiseaux offerts pour racheter un enfant qui s'offrira pour racheter les enfants du monde. Le sang des deux volatiles qui annonce le sang du Fils de l'homme. Deux oiseaux de liberté arrêtés en plein vol pour garder un fils qui échappera à la protection de ses parents.

La coutume juive de ce rachat est étrange pour nos sensibilités modernes.

Ceux qui s'y soumettent font un acte de reconnaissance qui n'est pas insignifiant : ils affirment par leur geste que leur enfant n'est pas leur enfant, mais qu'il est d'abord à Dieu. Ils le présentent à Yahvé, manifestant leur accord avec cette croyance.

Nos enfants sont-ils nos enfants ? Notre paternité et notre maternité sont-elles totales dans le sens où nous serions la seule origine de ceux que nous avons mis au monde ? Est-ce vraiment nous qui donnons la vie ?

Notre relation avec nos enfants ne sera pas la même selon les réponses apportées à ces questions. La culture d'aujourd'hui aura tendance à y répondre affirmativement, faisant des parents l'origine unique de leurs enfants. Le pouvoir sur la procréation et sur son moment renforce cette idée que les parents sont maîtres de la naissance de leurs enfants.

À l'inverse, à l'époque de Marie et de Joseph, et encore aujourd'hui dans certaines cultures et chez certains couples, est fortement ancrée la conviction que les parents portent une vie qui a son origine ailleurs, en Dieu, et qu'ils sont les accoucheurs sur terre d'une vie voulue par Dieu de toute éternité.

L'attitude intérieure des parents à l'égard de leurs enfants est assez différente selon ces deux convictions.

À ceux qui croient qu'ils sont l'origine unique de leurs enfants, il sera plus difficile d'exercer une paternité et une maternité de service, d'installer une certaine distance entre leur responsabilité de parents et leur être profond. Le désir de se reconnaître dans l'enfant et la peur des chemins qu'il pourrait prendre seront très forts.

À ceux qui croient qu'ils sont les passeurs d'une vie qui vient d'ailleurs, il sera plus aisé d'admettre l'identité propre de leur enfant, de reconnaître comme légitime et fructueux que leur enfant leur échappe. Ils sentiront plus intimement cette réalité inscrite au cœur des parents : ils sont les serviteurs du destin de leur enfant, sur lequel ils n'ont pas forcément le meilleur avis ni le meilleur désir.

Les parents ne possèdent pas leurs enfants, ni leur avenir, ni leur tempérament. Toujours un aspect de leur réalité intime leur échappera.

Quand Marie et Joseph montent au temple, ils mettent leurs pas dans les traces de ceux qui croient que leur enfant est d'abord fils ou fille de Dieu avant d'être leur enfant.

Marie et Joseph sont les héritiers des hommes pieux qui, par reconnaissance de la primauté donnée à Dieu, ont décidé que le premier-né serait offert et consacré totalement.

Ils sont les continuateurs des hommes raisonnables qui, par refus d'une exigence aussi lourde et trop rude, ont inventé l'offrande de remplacement grâce à des animaux choisis parmi les plus purs.

Ils sont les victimes des hommes intéressés qui, de cette offrande, ont fait une affaire d'argent, et, pauvres comme tous les pauvres, ils ont dû se contenter du minimum, payer fort cher deux tourterelles sans noblesse, l'une noire et l'autre blanche.

Ils sont les parents d'un enfant qui va rendre d'un seul coup caduques ces offrandes de pacotille et ces affaires d'argent. Le sang de leur fils versé librement interdira tous les aménagements ultérieurs de la dévotion, tous les marchandages de la piété, tous les compromis rituels.

Cette idée de rachat, si fortement ancrée dans la spiritualité de l'époque, dans le cœur de Marie et de Joseph, va se fracasser au moment de la croix : Jésus, sacrifié pour le rachat de tous les hommes.

Nous n'avons plus besoin aujourd'hui de lier la reconnaissance que nos enfants sont d'abord à Dieu à l'obligation de les lui racheter. Oui, nous sommes les parents des enfants de Dieu, vraiment leurs parents, et eux, vraiment les enfants de Dieu.

Il y a une profonde découverte dans cette affirmation : nous sommes les parents sur la terre d'enfants dont le Père est dans les cieux. Nous sommes à l'image de ce jeune couple qui monte les marches du temple : parents étonnés de cette vie qui vient d'ailleurs et est passée par eux.

Tous les parents sont des parents adoptifs : la vie qu'ils portent, qu'ils aident à faire grandir, les a traversés. Elle est venue d'ailleurs et part ailleurs pour rejoindre un destin qui leur échappe et le lieu de leur origine, Dieu leur Père.

Les parents « biologiques » ont à apprendre quelque chose d'essentiel des parents adoptifs : les uns et les autres sont les tuteurs provisoires de leurs enfants. Ils ne sont pas parents pour ce moment de la procréation, mais pour cette succession si longue de moments où ils permettent à leur enfant de trouver sa vie propre.

Joseph et Marie portent ce jour-là l'histoire du monde au moment où elle change de direction : deux tourterelles offertes les ailes entravées, un enfant à offrir devenu homme aux bras écartelés.

Deux tourterelles inutiles, pauvres et dépareillées, l'une noire et l'autre blanche, rite venu de l'astuce des hommes, mais rite impuissant à empêcher le destin de cet enfant-là.

Il n'y a pas de rachat possible pour leur fils, et aucune tourterelle donnée en échange ne peut le soustraire à l'appel. Les tourterelles sont inutiles pour cet enfant, elles le deviendront pour tous les enfants du monde à naître quand il aura versé son sang à lui.

Deux parents, un enfant, deux jeunes tourterelles montent les degrés du temple au milieu d'un groupe de parents, d'enfants et de tourterelles.

Joseph porte le Fils du Très-Haut, il le croit, le sait, mais ignore tout du reste. Et ce reste le trouble. Quand tout cela va-t-il être révélé, reconnu?

Joseph est comme tout homme qui croit; il aimerait aussi savoir. Apprendre dès maintenant comment cela va se passer, de quels événements leur vie sera le théâtre, quels seront les rencontres, les aventures et les bouleversements.

Joseph est troublé et cela se comprend. Il pense avec un peu de naïveté que le destin doit un jour se révéler brutalement et emporter l'adhésion de tous. Il n'imagine pas que le destin doit d'abord être reçu par celui à qui il est réservé, accueilli dans le silence, lentement découvert et apprivoisé, petit à petit installé.

Être parent, c'est bien sûr être pris dans l'action, mais c'est accepter d'entrer dans une longue contemplation, une progressive découverte, un étonnement parfois joyeux, parfois douloureux.

Nous sommes les spectateurs d'une vie qui se déploie, même si nous en sommes aussi un peu les artisans.

Ce n'est pas qu'au moment de l'adolescence que nos enfants nous échappent, mais dès le premier jour, manifestant une indépendance de destinée qui fait notre admiration quand elle se manifeste par les premiers pas et qui nous inquiète quand nous guettons les premiers retours tardifs du jeune qui ne rentre pas de l'école ou demeure plus longtemps que d'habitude avec ses amis.

Tous les destins sont d'abord intérieurs. L'enfant devra apprendre à le distinguer, les parents devront apprendre pareillement, et ne rien forcer, et prendre patience, et être d'une infinie délicatesse, et apprendre eux-mêmes à découvrir cette personne qui est leur enfant, une personne différente de ce qu'ils croient.

L'enfant que nous mettons au monde a besoin des mêmes soins et de la même attention que tous les enfants du monde. Il va devoir découvrir en lui une autre identité que celle d'être simplement notre enfant, une autre nature.

Le regard de chaque père et de chaque mère va être l'artisan nécessaire voulu par Dieu pour aider l'enfant à découvrir son destin. Dieu a besoin, a décidé d'avoir besoin, que nous nous sentions investis de la tâche d'aider chacun de ses enfants, qui sont nos enfants, à se révéler à lui-même.

La vie de notre enfant nous est due, mais elle est de toute origine due à Dieu lui-même. Là est notre talisman, l'étoile qui guide notre marche dans l'existence.

Devant ce nouveau-né, plus tard devant cet enfant, cet adolescent à la vie peut-être compliquée, nous pouvons choisir de ne pas oublier que tout enfant revêt une autre nature que celle que nous lui avons donnée, reçoit un autre appel que ceux que nous lui adressons, vient d'un autre acte d'amour que celui qui fut le nôtre, marche vers un autre destin que celui que nous imaginons.

La foi dans l'origine divine de nos enfants, la conviction que nous sommes les parents des enfants de Dieu, est un cadeau fait aux parents pour qu'ils s'assurent dans leur rôle, pour que leurs nuits de songes et de rêves, d'interrogations et de doutes, toujours débouchent sur des aurores de confiance.

L'homme du monde moderne, même s'il voit mal le sens de cette présentation au temple et de ce rachat par deux tourterelles, peut comprendre cela parce que, comme tous les hommes de tous les mondes et de toutes les époques, il sait qu'il a besoin, pour vivre, de posséder en lui-même une envie, un but, une idée, un projet, une conviction qui éclairent un tant soit peu sa route, lui indiquent une direction.

Et cette idée, ce but, cette conviction sont que nous partageons notre paternité et notre maternité avec Dieu, que nous ne sommes pas seuls aux commandes, que nous ne veillons pas dans la solitude, que notre fardeau de certains jours ne repose pas sur nos seules épaules.

Notre foi dans cette paternité partagée peut organiser notre vie, peut lui donner un sens qui dépasse notre seul entendement, notre seule énergie.

Pour le reste, nous ne savons pas très bien ce que la naissance va faire advenir, la manière dont cet enfant que Dieu nous a confié va agir, ce que sera le détail de sa vie.

Nous l'apprendrons au fil des jours, prêts à la surprise, avides de découvertes, inquiets souvent et parfois effrayés, guidés en tout cas par cette conviction : nous sommes les parents d'un fils, d'une fille, de Dieu.

Le groupe de jeunes parents a monté quelques marches. Un peu plus haut, un vieil homme semble guetter, ou plutôt sur chacun porte son regard comme s'il cherchait quelqu'un jamais vu auparavant.

Son regard soudain s'éclaire et l'on devine que l'attente a cédé la place à la reconnaissance. Joseph le voit s'approcher d'eux et s'arrêter tout près, mais ce n'est ni lui ni Marie que le vieillard regarde, simplement l'enfant, l'enfant seulement.

– Maintenant, dit Syméon.

Joseph tend le nouveau-né à Syméon qui n'a pas osé le toucher d'abord. Il le lui tend comme on offre le salut au monde, et Syméon le prend dans ses bras comme le monde reçoit le salut qu'il a espéré.

Les paroles de Syméon prennent alors, hélas! un autre tour. Pourquoi faut-il que ces moments d'intense communion et de paix légère soient aussitôt saccagés par une crainte, un avertissement, un noir présage?

Le vieillard s'est tourné vers Marie, et ce qu'il va dire, jamais Joseph n'aurait voulu l'entendre. Il voit Marie trembler tandis que le vieillard, avec la même assurance que lors de ses premières paroles, lui déclare:

– Et toi-même, une épée te transpercera l'âme.

Le charpentier voit le visage de la jeune femme s'assombrir, la lumière de gaieté habituelle quitter ses yeux, il la sent vaciller un moment.

Le charpentier s'est rapproché de son épouse. Sans doute lui a-t-il entouré l'épaule de son bras.

Marie l'a regardé. Ils n'ont pas eu besoin de se dire quoi que ce soit. Ils savent que le vieillard a raison, obligatoirement raison, et que l'on ne peut éviter la souffrance à ses enfants ni à soi-même.

Mais ils auraient voulu que cela ne soit pas rappelé maintenant, prédit, rendu certain en quelque sorte, affirmé avec la même autorité que celle attachée à l'annonce du salut par leur enfant.

On ne peut pas se prémunir, découvrent Joseph et Marie, on ne peut pas faire semblant de ne pas savoir.

Nous autres, parents, nous ne pouvons pas nous protéger. Nous ne pouvons pas protéger complètement nos enfants, nous ne pouvons pas les prémunir contre toute souffrance.

Nous ne pouvons pas nous prémunir nous-mêmes des souffrances qui nous sont infligées à travers nos enfants, par nos enfants eux-mêmes.

Nous ne pouvons jamais faire semblant de ne pas savoir que, demain peut-être, nous serons frappés par l'incompréhension, le doute, la lassitude et parfois le désespoir.

Nous ne pouvons pas ignorer que nos moments de joie pure, de recueillement profond, céderont la place à des moments de tourments âpres. Notre cœur dévasté peut-être, l'horizon bouché, l'âme qui vacille, l'intelligence qui hésite.

Être parent, c'est connaître de grandes joies, c'est s'exposer à de grandes souffrances. Nous ne pouvons empêcher ces dernières. Nous ne pouvons pas toujours empêcher que, sur terre, une tourterelle noire accompagne une tourterelle blanche.

Évangile de Luc, chapitre 2, versets 22 à 33

Et lorsque furent révolus les jours pour leur purification, selon la loi de Moïse, ils l'emmenèrent à Jérusalem pour le présenter au Seigneur, selon qu'il est écrit dans la loi du Seigneur : *Tout mâle premier-né sera consacré au Seigneur*, et pour offrir en sacrifice, selon ce qui est dit dans la loi du Seigneur, *un couple de tourterelles ou deux jeunes colombes*.

Et voici qu'il y avait à Jérusalem un homme du nom de Syméon. Et cet homme était juste et pieux ; il attendait la consolation d'Israël, et l'Esprit Saint était sur lui. Et il avait été averti par l'Esprit, l'Esprit Saint, qu'il ne verrait pas la mort avant d'avoir vu le Christ du Seigneur.

Et il vint, par l'Esprit, dans le temple, et comme les parents amenaient l'enfant Jésus pour faire à son égard selon la coutume imposée par la loi, il le reçut dans ses bras, bénit Dieu et dit :

«Maintenant, ô Maître,
tu peux congédier ton esclave,
selon ta parole, en paix ;

car mes yeux ont vu ton salut,
que tu as préparé *à la face de tous les peuples,*
lumière qui se révélera aux nations
et *gloire* de ton peuple *Israël.* »

Et son père et sa mère étaient dans l'étonnement de ce qui se disait de lui. Et Syméon les bénit et dit à Marie, sa mère : « Vois ; cet enfant est là pour la chute et le relèvement de beaucoup en Israël, et pour être un signe en butte à la contradiction — et toi-même, une épée te transpercera l'âme ! — afin que de bien des cœurs soient révélés les raisonnements. »

JE NE TE CONDAMNE PAS...

*I*L AVAIT PASSÉ la nuit en prière au mont des Oliviers, de l'autre côté du torrent. Et le matin, à l'aurore, il vint au temple tout proche pour enseigner[1].

Les nuits du mont des Oliviers sont des nuits particulières, comme le sont les nuits de prière. L'intimité du Fils avec son Père, cet échange que nous ne savons nommer mieux qu'en utilisant le mot «prière», dialogue dans le silence quand la tâche de la journée est terminée, quand les rencontres ont cessé, quand la mission laisse un peu de répit.

Le Fils qui, avec ses disciples, a marché, guéri sans doute, enseigné et porté témoignage pour celui qui l'envoyait.

La vie publique a besoin de vie privée, celle de l'enseignement réclame celle du silence, celle de la responsabilité a soif de repos.

Les gens étaient rentrés chez eux, les dernières explications avaient été données aux apôtres, Jésus pouvait retrouver ces moments qu'il aime, ceux qui lui permettent de revenir à la source, ces moments que l'on imagine de pure tendresse, une tendresse inimaginable entre le Fils et son Père.

Moments volés au sommeil, car le sommeil est bien pâle face à cette lumière qui s'échange, car le sommeil est bien terne face à cette intensité d'une communion bouleversante. Le Père et le Fils, unis dans un même Esprit.

Les nuits, trop souvent, nous font peur, alors qu'elles peuvent être le lieu de si profonds échanges.

---

1. Jean, chapitre 8, versets 1 à 11.

Et donc, à l'aurore, il était au temple, et les personnes venaient à lui, certaines uniquement poussées par la curiosité, d'autres avides d'écouter son enseignement.

C'est alors que «les scribes et les pharisiens lui amenèrent une femme surprise en adultère», et ils la placent au milieu de tout le monde, accusée montrée du doigt, déjà livrée à la répugnance, bientôt abandonnée au châtiment.

Les scribes et les pharisiens, encore eux, qui sont les interprètes sourcilleux de la loi, les défenseurs proclamés de la vertu, ceux qui jugent et condamnent et n'aiment rien tant que de surprendre les gens, de les coincer dans leur faute, et de les amener là, devant tout le monde, livrés en spectacle, humiliés.

Une femme infidèle à son mari qui se fait prendre en flagrant délit d'adultère. La loi de Moïse est claire à ce propos, même si elle paraît un peu étrange à nos consciences d'aujourd'hui.

Si la femme a été infidèle, mais qu'elle a commis cet adultère dans le secret, son mari l'accompagne devant le prêtre qui organise une cérémonie de purification[2].

En revanche, si l'adultère est rendu public, donnant à la faute privée le caractère du scandale, la femme ou l'homme qui s'en sont rendus coupables sont amenés sur la place publique et mis à mort par lapidation, qui est un supplice lent où chaque coup en appelle un autre jusqu'au moment où l'épuisement aura raison du coupable, à moins qu'une pierre mieux dirigée plus vite l'achève[3].

La loi est claire : la faute est avérée, la punition codifiée, il ne reste qu'à l'appliquer.

---

2. Nombres, chapitre 5, versets 12 à 31.
3. Deutéronome, chapitre 17, versets 2 à 7.

La loi est ce qui permet aux sociétés de fonctionner sans trop de drames. La loi des pays qui organisent les droits et les devoirs des citoyens, la loi internationale dont on aimerait qu'elle impose aux gouvernants la paix et la coopération. La loi privée qui gère les rapports entre les êtres.

La famille est une société en elle-même, la première de toutes pour l'enfant qui naît ; elle a besoin de lois.

Mais la loi est beaucoup plus que cela : elle tente de dire le bien et le mal, de donner les repères de ce qui est moral ou ne l'est pas.

Parents, nous sommes pour nos enfants ceux qui disent la loi, autant celle qui identifie le bien et le mal que celle qui permet que la vie en société soit possible. Face à eux, nous sommes les scribes de cette loi, ceux qui la connaissent quand nos enfants encore l'ignorent, ceux qui tentent de la faire aimer et respecter. Des scribes qui voudraient ne pas être hypocrites, qui entendraient être compatissants et justes.

Les époques précédant les nôtres n'entretenaient guère d'interrogations existentielles sur la façon dont les parents devaient exercer leur autorité à l'égard des enfants. Le père était le chef de famille et on lui devait obéissance même dans les choix les plus essentiels : orientation professionnelle, choix du conjoint. Les parents savaient ce qui était bon pour leur enfant.

Nous sommes aujourd'hui, du moins dans les sociétés occidentales, dans un état d'esprit bien différent, et beaucoup moins convaincus du bon droit de nos décisions. Certains parents ont même peur que l'exercice de leur autorité les sépare de leurs enfants qui les rejetteraient pour avoir été contraints.

Familles séparées où le père craint d'être moins aimé que la mère et réciproquement, parents à l'emploi du temps surchargé qui refusent de transformer les rares moments de présence avec leurs enfants en autant d'affrontements, incertitude parfois sur ce qui est bien et ce qui est mal…

L'Évangile dit beaucoup sur la loi, sur ce qu'elle est et sur la manière dont elle peut être appliquée, et Jésus, très souvent, se placera face à la loi pour tenter de lui redonner un sens dans un milieu où la lettre avait tendance à l'emporter sur l'esprit.

Retour en arrière[4] pour un court moment sur cette colline qui domine de peu de hauteur le lac de Tibériade[5]. Jésus y est monté, la foule l'a suivi, et il enseigne et avertit : « Ne croyez pas que je suis venu renverser la loi […] ; je ne suis pas venu renverser mais compléter. »

La loi existe et il ne s'agit pas de la renverser, de la supprimer, de la faire disparaître parce qu'elle contraindrait, parce qu'on ne la comprendrait pas toujours, ou parce qu'elle s'accompagnerait d'obligations. La loi existe, mais elle ne suffit pas ; elle doit être dite, mais la dire est insuffisant.

Dire la loi est nécessaire, mais en être l'interprète froid et scandalisé parce qu'elle ne serait pas appliquée est déficient, car la loi a besoin d'être « complétée ».

La femme est là, au milieu de tout le monde, point de mire des accusateurs et objet d'un enjeu qui la touche mais la dépasse en même temps. Et les scribes jouent leur jeu de scribes bien-pensants en rappelant que, « dans la loi, Moïse nous a commandé de lapider ces femmes-là[6] ».

Faute, punition. Action, réaction. Quoi de plus normal, de moins injuste que de respecter la loi ?

---

4. Voir le chapitre « Il parlait avec autorité », page 13.
5. Matthieu, chapitre 5.
6. Matthieu, chapitre 8, verset 5.

Puis cette question faite pour piéger Jésus, pour trouver quelque chose à lui reprocher, pour alourdir son dossier d'accusation bientôt instruit. Question piège dans la bouche des scribes, mais qui nous rend service : « Toi donc, que dis-tu ? »

Que dit Jésus qui permettrait aux officiels de la loi de le prendre en faute ? Que dit Jésus qui nous aiderait à exercer notre responsabilité face à nos enfants ?

Rien. Silence. « Jésus, se baissant, écrivait du doigt sur le sol. »

Ce silence est d'or, précieux autant que la réponse qui suivra un peu plus tard. Silence parfois nécessaire quand on voudrait dire. Silence quand on nous presse de dire et de trancher. Car la parole trop vite prononcée empêche l'interlocuteur de se faire de lui-même sa propre idée, de réfléchir, de discerner ce qui est juste. Car la parole trop rapide n'observe aucune nuance, ne s'attache à aucun cas particulier.

Silence à observer quand l'exaspération monte en nous et nous conduirait à dire des paroles trop brutales, voire injustes. Silence que nous nous imposons pour enrayer l'affrontement d'où il ne sortira rien de bon.

Silence pour nous rappeler ce que nous sommes et ce pour quoi nous sommes faits : nous sommes des éducateurs qui ne sont pas là pour prouver qu'ils ont raison mais pour aider à grandir.

Un enfant de sept ans mentait, non pas que son imagination lui faisait voir la réalité autrement qu'elle était, mais simplement pour ne pas être puni, pour obtenir ce qu'il voulait.

Exaspération du père qui, chaque fois, relevait le mensonge, le stigmatisait, le punissait. Jusqu'au jour où la mère dit à son mari : « Tu l'enfermes dans son mensonge, tu le coinces, tu le réduis à son mensonge, à sa faute ; il ment, certes, mais tu vas faire de lui un menteur. »

Aucun être humain ne peut être réduit à son comportement, aussi fautif soit-il, aucun être humain ne doit être réduit à sa faute. Personne n'a le droit de réduire un être à une situation, à un acte, aussi détestable ait-il été.

Le père se calma, opta pour le silence puisque la parole et la punition n'avaient à l'évidence servi à rien. Il n'en pensa pas moins, mais apprit à se taire, percevant qu'il avait assez dit, que la loi était connue, même si elle n'était pas respectée.

Trois mois plus tard, dans une conversation plus détendue, il dit à son enfant : « Il y a quelques semaines, tu as dit quelque chose qui n'était pas vrai, mais je n'ai pas réagi parce que je pensais que tu saurais te corriger de toi-même, et j'ai constaté en effet que tu es en train de quitter cette attitude qui n'était pas très bonne. » Rapidement, l'enfant cessa totalement de mentir.

Les scribes, pour leur part, ne surent se satisfaire du silence de Jésus. Ils n'entendaient pas être privés aussi facilement de leur victoire ; ils persistèrent à l'interroger. Jésus se redressa alors.

Pendant le silence, son regard avait été maintenu vers le sol. Il ne regardait ni la foule, ni les accusateurs, ni l'accusée.

Il y a des regards qui font mal, font honte, des regards qui enfoncent dans le désarroi ou dans la culpabilité, des regards qui tuent. Ces regards qui jettent des éclairs et révèlent la colère, le mépris ou le dégoût. Il y a des regards qui rapetissent, ôtent toute chance de progresser, interdisent tout avenir, ferment les portes plus sûrement que les verrous. Il faudrait que nous, parents, n'ayons jamais eu et n'ayons jamais plus un de ces regards pour l'un de nos enfants.

Jésus se redressa alors, regarda les accusateurs, ceux-là qui avaient le regard si assuré et la parole si prompte, qui étaient si sûrs d'eux, si réjouis déjà à l'idée de l'emporter. Pour ce genre de personnes, il ne faut pas que le silence dure, il ne faut pas s'endormir sur la besogne, il faut écarter tout ce qui pourrait empêcher que le piège fonctionne, écarter tout ce qui pourrait empêcher la punition.

Jésus leur dit : « Que celui d'entre vous qui est sans péché lui jette le premier une pierre ! »

Qui êtes-vous donc pour accuser ainsi dans ce triomphalisme indécent ? Votre faute, vos fautes, ne devraient-elles pas vous enseigner la modération à l'égard de toute faiblesse ? Êtes-vous à ce point supérieurs à cette femme que vous puissiez vous croire d'une autre condition ?

Jésus ne nie pas la loi, il renvoie ceux qui la disent avec arrogance à leur propre attitude, à la façon dont eux-mêmes la respectent.

Ainsi, si la loi existe, et la faute aussi, il faut la compléter par une attitude particulière. Car la loi énoncée de manière abrupte par ceux qui se disent indemnes de toute enfreinte est une loi sans efficacité.

À un autre moment de son existence, Jésus expliqua encore plus nettement à ses disciples ce que devait être leur attitude à l'égard de la loi : « Faites tout ce que [les scribes et les pharisiens] vous disent, faites-le donc et gardez-le, mais n'agissez pas selon leurs œuvres. Ils lient de lourdes charges et les mettent sur les épaules des hommes, mais eux-mêmes se refusent à les remuer du doigt [7]. »

La loi n'est pas faite pour écraser ni pour enfermer, mais pour libérer, faire grandir, désigner les chemins du bonheur, d'un mieux, d'un épanouissement, d'une rencontre, d'une nouvelle profondeur.

Il y a des mots qui enferment comme il y a des regards qui rabaissent. Ce qui frappait les interlocuteurs de Jésus était sa parole qui rendait libre, ouvrait des chemins, tandis que celle des scribes et des pharisiens ne désignait que des sens interdits.

---

7. Matthieu, chapitre 23, versets 3 et 4.

«Malheur à vous, scribes et pharisiens hypocrites, parce que vous fermez le royaume des cieux devant les hommes ; car vous n'entrez pas, et ceux qui veulent entrer, vous ne les laissez pas entrer[8] !»

La loi perd toute utilité si elle est comprise par nos enfants comme ce qui fait naître la punition si elle n'est pas respectée. Elle devient un puissant outil d'éducation si nous arrivons à la présenter et à la faire ressentir comme l'ensemble des indications qui aident à grandir.

L'exaspération devant une atteinte à la loi, si compréhensible soit-elle, lie de manière forte dans l'inconscient de nos enfants la règle à la faute et à la colère, à la coercition plutôt qu'à la libération.

Tout l'enseignement de Jésus veut faire comprendre que la loi ne doit pas être abolie, négligée, oubliée, mais qu'elle est édictée comme un service rendu pour que l'homme soit un peu plus homme, un peu mieux homme, homme plus près de sa destinée, homme plus proche de son état d'enfant de Dieu.

Cette attitude à l'égard de la loi, cette manière de la compléter, et non de la renverser, est évoquée par Jésus de manière encore plus précise quand il interpelle à un autre moment les mêmes scribes et pharisiens : «Malheur à vous parce que vous acquittez la dîme de la menthe, du fenouil et du cumin… et vous avez laissé ce qui a le plus de poids dans la loi, la justice, la miséricorde et la foi[9] !»

La loi sans la miséricorde, sans le cœur compatissant, est une loi que l'on ne peut aimer. Une loi sans foi, sans confiance, est une loi asséchée, stérile, qui ne produit rien qu'une observance craintive.

La femme est toujours là, sans doute le regard tourné vers le bas, et Jésus, après avoir invité celui qui n'a jamais péché à jeter la première pierre, se baisse de nouveau et continue à écrire sur le sol.

---

8. Matthieu, chapitre 23, verset 13.
9. Matthieu, chapitre 23, verset 23.

Deux personnes qui regardent le sol. Il n'y a encore eu aucun échange de regards. L'une empêchée par la honte, l'autre conduite par le respect, deux personnes attendent que les conditions d'une vraie rencontre soient réunies.

Les accusateurs, un à un, détournent eux-mêmes leur regard et s'en vont, à commencer par les plus vieux qui savent bien qu'ils ont eu plus d'occasions de fautes que les plus jeunes.

Deux personnes demeurent : « Et il fut laissé seul, avec la femme toujours là au milieu. Alors, se redressant, Jésus lui dit : ‹ Femme, où sont-ils ? Personne ne t'a condamnée ? › Elle dit : ‹ Personne, Seigneur. › »

Regard qui peut enfin croiser celui de l'autre. Humour bien particulier sous forme d'étonnement simulé. Humour qui rapproche et marque la complicité.

Regard qui, longtemps, a évité pour ne pas gêner. Refus de se joindre aux loups, renvoyés à leurs propres faiblesses. Résistance du Christ aux mouvements de la foule, renvoi de la foule pour se concentrer sur une personne avec son histoire, ses faiblesses, ses fautes. Respect malgré les apparences. Respect qui est condition du sursaut, du progrès.

C'est notre regard de respect et de confiance sur nos enfants qui les aide à grandir bien plus que nos paroles et nos exemples, ou nos punitions. Paroles, exemples, punitions, utiles souvent et parfois nécessaires, mais totalement inefficaces s'ils ne sont pas accompagnés de respect, de confiance, d'encouragement, d'ouverture vers d'autres horizons.

« Alors Jésus dit : ‹ Moi non plus, je ne te condamne pas. Va, désormais ne pèche plus. › »

La condamnation est facile, mais ses motivations sont obscures. La condamnation qui enferme, qui résonne comme une sorte de damnation.

Les parents sont suffisamment choqués de quelques jugements définitifs portés par des professeurs sur leurs enfants pour comprendre qu'une condamnation d'un jeune lui fait courir un risque élevé.

La condamnation n'est pas la reconnaissance officielle d'une faute, elle est l'enfermement de l'enfant dans sa faute. Elle est la barrière difficilement franchissable installée entre lui et un progrès, lui et un avenir.

Jésus a résisté à la foule et refusé de parler devant les témoins à charge et les spectateurs voyeurs. Il attend d'être seul pour qu'une vraie rencontre ait lieu.

Un reproche en public est un reproche effrayant pour un enfant : le poids d'humiliation et de détresse est quasiment impossible à supporter. L'enfant ne peut plus rien entendre ni comprendre tant son impression d'être assiégé, envahi, le ferme à toute réflexion.

Deux réactions lui sont seules possibles : la colère et le refus brutal, réflexe de combat face à l'agression, ou l'enfermement dans le silence de la honte, marque d'incapacité à mettre en cause le bien-fondé de cette agression, refuge dans le sentiment de culpabilité.

Dans les deux cas, la loi n'a pu être entendue, encore moins comprise, et bien entendu admise.

Les reproches à chaud, brusques et publics, risquent souvent de créer des atmosphères de lynchage. Ils ne font pas œuvre d'éducation.

Le Christ a renvoyé la foule, à elle-même d'abord, à sa conscience ensuite, et l'a aussi fait quitter les lieux. Sa volonté d'une rencontre personnelle est maintenant réalisable. Pas un mot pour la femme auparavant ; qu'aurait-elle pu entendre ?

Puis le rappel de la loi : « Ne pèche plus. » Pas : « Ce sont des pécheurs eux-mêmes, donc toi, tu peux continuer de l'être. » Non, simplement ce rappel de la bonne direction, du chemin juste.

« Va », c'est-à-dire mets-toi en chemin, ne te contente pas de ta situation ou même de ton habitude, ne considère pas ta faute comme une fatalité. Va sur ton chemin qui peut être un chemin de progrès, d'amélioration.

C'est parce qu'il n'y a pas condamnation qu'il peut y avoir chemin, c'est parce que la dignité a été redonnée à la femme qu'elle peut se mettre à nouveau en route.

C'est parce que nous manifesterons auprès de nos enfants notre confiance qu'ils ont un chemin devant eux et qu'ils auront envie de l'explorer.

C'est parce que nous ne les réduirons pas à leur faute que leur faute pourra, petit à petit, s'estomper et finalement cesser.

L'exemple donné par le Christ est limpide. Moins claire est la façon dont nous pouvons le suivre, le mettre en pratique. Nous sommes fatigués parfois, irrités par la vie. Et nous avons peur que la faute, la désobéissance, le manque de prudence aient des conséquences dangereuses pour nos enfants.

Et nous sommes parfois déçus : « J'attendais mieux de toi ! » Nous avions une plus haute opinion des capacités de nos enfants, de leur sens des responsabilités ou de leur sens moral. Cette déception, quand elle est aiguë, est signe que nous nous impliquons trop dans le comportement de nos enfants. Leur faute est un peu la nôtre, leur faiblesse, notre faiblesse.

Ces sentiments mêlés se conjuguent pour donner à nos réactions un excès de brutalité, un manque de sens éducatif. En paroles brutales, nous nous défoulons de notre déception ou de notre angoisse.

Comment bien juger ? Jésus lui-même répond à cette question : « Vous, vous jugez selon la chair, moi, je ne juge personne. Et s'il m'arrive de juger, moi, mon jugement à moi est véridique, parce que je ne suis pas seul ; mais il y a moi et celui qui m'a envoyé [10]. »

---

10. Jean, chapitre 8, versets 15 et 16.

Je ne suis pas seul, car je vis avec mon Père. Je vis avec lui quand j'enseigne et quand je guéris, quand je partage le pain et quand je marche sur les routes pour annoncer cette bonne nouvelle que mon Père est votre Père.

Je ne suis pas seul lors de ces nuits étoilées, comme celles que je passe au mont des Oliviers, en prière, dans ce dialogue incroyable de tendresse qui me lie à lui. Ces nuits à l'écart, sur les collines, ou sur l'autre rive des lacs, ces quarante nuits dans le désert. Cette nuit d'angoisse que je connaîtrai bientôt à ce même jardin des Oliviers tandis que déjà le bois de la croix se prépare.

Je ne suis pas seul, car il y a moi et celui qui m'a envoyé.

Nous, parents, ne sommes pas seuls non plus. Nous n'avons pas à être seuls. Nous pouvons ne pas être seuls si nous le voulons.

La vie intérieure des parents est plus importante que leur action, leur responsabilité, leur tâche de parents. Qui abritons-nous en nos cœurs profonds ?

Nous seuls, nos expériences et peut-être nos souffrances lointaines, nos aspirations et nos refus ? Cela sans doute, mais pas seulement cela, car il y a nous et celui qui nous a donné la vie, celui que nous pouvons appeler Abba et qui vit en nous avec tendresse.

Nous ne sommes pas seuls, car le Père nous habite, même si nous n'en avons pas toujours conscience. Mais nous pouvons aussi ressentir cette présence en lui donnant de la place et du temps, en nous donnant du temps pour la reconnaître et nous en réjouir.

Place et temps pour découvrir que nous ne sommes pas seuls : moments de la nuit où l'inquiétude nous garde éveillés. Temps d'inquiétude que nous pouvons transformer en temps de rencontre. Regarder en nous, ce qui est bien différent de nous regarder nous-mêmes. Regarder ce qui nous habite, qui nous habite.

Partir à la découverte au fond de nous du fleuve de notre tendresse pour nos enfants. Tendresse calme et trop souvent inquiète, forte, indubitable, que personne ne peut mettre en doute, qui nous appartient totalement, mais semble en même temps venir d'ailleurs et nous traverser.

Se sentir à l'unisson de ce sentiment qui vit au fond de nous-mêmes, dans ces moments de silence, dans la nuit parfois, dans ces moments qui n'appartiennent qu'à nous.

Quand les parents voient battre en eux leur cœur de père et de mère, quand ils découvrent la force de leur amour pour leurs enfants, dans ces moments de calme assez intenses pour que cet amour les surprenne presque, alors ces parents sont bien proches de Dieu, leur Père.

Partir, dans le silence, du fleuve de notre tendresse et découvrir qu'il prend sa source en Dieu même, que Dieu lui-même habite notre cœur.

Nous ne sommes pas seuls, nous non plus, car notre tendresse à l'égard de nos enfants vient de Dieu.

Quand nous reconnaissons cette présence, quand nous lui laissons de plus en plus de place, notre jugement devient plus véridique, notre attitude devient plus vraie, plus juste.

Quand cette présence se fait active à travers nous, la loi que nous disons est dite avec plus de vérité. Elle peut être mieux entendue. Elle résonne d'une autre manière.

« Je ne suis pas venu renverser la loi, mais la compléter. » Notre responsabilité est de montrer cette loi. Notre tâche est de la compléter par la façon de la dire et de l'enseigner. Être véridique n'est pas seulement le fruit de nos efforts, mais aussi l'expression que nous ne sommes pas seuls, que nous sommes accompagnés par le Père, qu'il vit en nous.

Évangile de Jean, chapitre 8, versets 1 à 11

Et ils s'en allèrent chacun chez soi. Quant à Jésus, il s'en alla au mont des Oliviers. Mais à l'aurore, il se présenta de nouveau dans le temple. Et tout le peuple venait vers lui, et, s'étant assis, il les enseignait.

Les scribes et les pharisiens lui amenèrent une femme surprise en adultère et, la plaçant au milieu, ils lui disent : «Maître, cette femme a été prise en flagrant délit d'adultère. Or, dans la loi, Moïse nous a commandé de lapider ces femmes-là. Toi donc, que dis-tu?»

Ils disaient cela pour le mettre à l'épreuve, afin d'avoir de quoi l'accuser. Mais Jésus, se baissant, écrivait du doigt sur le sol.

Comme ils persistaient à l'interroger, il se redressa et leur dit : «Que celui d'entre vous qui est sans péché lui jette le premier une pierre.»

Et de nouveau, se baissant, il écrivait sur le sol.

Quand ils eurent entendu, ils se retiraient un à un en commençant par les plus vieux, et il resta seul avec la femme, qui était au milieu.

Se redressant, Jésus lui dit : «Femme, où sont-ils? Personne ne t'a condamnée?»

Elle dit : «Personne, Seigneur.»

Et Jésus dit : «Moi non plus, je ne te condamne pas. Va; désormais ne pèche plus.»

C'EST MOI QU'IL ACCUEILLE...

SUR LES TROIS ANS de la vie publique de Jésus, pendant combien de mois a-t-il marché sur les routes, passant de Galilée en Samarie, visitant villages et villes, gravissant les collines et voguant sur les lacs ? L'Évangile semble être le récit d'une marche d'un endroit à un autre, avec quelques haltes qui l'entrecoupent.

La marche est propice au silence, au retour en soi ; elle peut être aussi l'occasion de discussions passionnées.

Ils avaient rejoint l'ensemble des disciples après que, sur la montagne, Pierre, Jacques et Jean eurent assisté à l'événement bouleversant de la transfiguration[1]. En arrivant près du groupe de ceux qui ne les avaient pas accompagnés, ils les trouvèrent entourés d'une grande foule.

Jésus se renseigna sur la cause de leurs discussions : un homme avait amené son fils possédé par un esprit muet, espérant que Jésus pourrait le guérir. En l'absence du Maître, le père de l'enfant avait demandé aux disciples de chasser cet esprit mauvais, mais ceux-ci n'y étaient pas parvenus.

Jésus opéra la guérison puis se remit en route pour aller vers Capharnaüm, à plus de vingt kilomètres de là, traversant la Galilée.

Durant au moins une partie de ce trajet, Jésus se tint à l'écart de ses disciples, qui se lancèrent dans une discussion entre eux.

Arrivés à destination, ils entrèrent dans la maison (sans doute celle de Pierre), et il les interrogea sur l'objet de leur débat, déclenchant un

---

1. Marc, chapitre 9, versets 2 à 8.

silence gêné. Gêne devant la mesquinerie de leur échange. Le sujet était de savoir lequel, parmi eux, était le plus grand[2].

Jésus dut avoir un moment de découragement en devinant ce dont ils avaient parlé : même eux, ceux qu'il avait choisis, ceux qui le suivaient depuis de nombreuses semaines, avaient du mal à entrer dans cette nouvelle logique qu'il apportait au monde en s'y incarnant.

Nouvelle logique selon laquelle les riches ont plus de mal à entrer dans le royaume que les pauvres, logique qui conduit les maîtres à se comporter en serviteurs, logique qui aboutit à ce que la toute-puissance de Dieu puisse emmener son fils à la passion de la croix, logique dans laquelle la prière de l'indigne, le publicain, est mieux entendue que celle de l'homme en vue, le pharisien[3].

« Qui est le plus grand ? » se demandaient les disciples en se regardant. « Qui est le plus grand ? » se demandent souvent les hommes d'aujourd'hui qui n'aiment rien tant que de s'intéresser aux gens importants, ceux dont on parle, ceux que l'on montre ou qui se montrent, ceux qui vendent plus de disques que les autres ou qui sont mieux payés pour leurs films, ceux qui sont en tête des sondages politiques, ceux qui ont réussi.

Dans l'ordre de préséance établi par la logique du monde, il n'est pas sûr que les parents soient placés bien haut. Le reconnaître n'est pas faire preuve d'amertume, mais de lucidité : être parents, et parents chrétiens, n'est pas une position enviée ; elle pourrait même être moquée tant elle ne semble pas mériter d'être beaucoup aidée.

Les parents sont des publicains qui savent la distance entre ce qu'ils souhaiteraient être et ce qu'ils sont. Ce sont des humbles qui connaissent le dur labeur continu qu'est l'éducation. Ce sont des concrets qui

2. Marc, chapitre 9, versets 33 à 37.
3. Luc, chapitre 18, versets 10 à 14.

ne se paient pas de mots, attentifs à ce que la maison soit heureuse, l'assiette remplie, le sourire au rendez-vous. Ce sont ceux qui se lèvent la nuit quand la toux de l'enfant devient trop forte ou quand les pleurs surgissent du cauchemar. Ce sont des oreilles disponibles quand l'adolescent consent enfin à se confier. Ce sont des discrets sur leurs inquiétudes et leurs tristesses.

Les parents, quand ils se rencontrent, n'ont pas le genre de discussion que les disciples tenaient sur la route de Capharnaüm. Ils ne se demandent pas qui est le meilleur père, qui est la meilleure mère, ils voudraient seulement savoir qu'ils n'en sont pas de trop mauvais. Ils ne cherchent pas à se mettre en avant, ils n'en ont pas le temps. Ils aimeraient être rassurés, entendus, compris.

Les parents sont des pauvres de cœur, car ils ont beaucoup donné ; des pauvres en esprit, car ils sont habités par l'incertitude ; des pauvres de corps bien souvent, car ils connaissent la fatigue des jours où il faut concilier le travail, les soins aux enfants, l'attention portée à chacun.

Les parents ne marchent pas sur les routes en se demandant quel est le plus grand, car leur chemin à eux est sans éclat, avec bien peu de temps libre, bien peu de loisirs pour se poser ces questions de nantis qui voudraient être les plus reconnus, les plus grands.

Leurs aventures empruntent des chemins plus discrets qui ne feront guère l'objet de reportages, même s'ils reçoivent de temps en temps un hommage, tel Péguy qui faisait des «pères de famille [pourquoi oubliait-il les mères ?] les grands aventuriers du monde moderne».

Les disciples se demandaient lequel était le plus grand, celui qui aurait finalement la meilleure place. Matthieu précise que la question était de savoir lequel était le plus grand dans le royaume des cieux, et que les disciples posèrent directement la question à Jésus, croyant donner au sujet un caractère un peu plus noble, sans se rendre compte qu'ils le rendaient encore plus dérisoire, comme si le royaume des cieux se préoccupait des préséances.

Jésus s'assit, appela les douze apôtres près de lui, dans un conciliabule en forme d'enseignement dont ils avaient l'habitude, et leur dit : « Si quelqu'un veut être le premier, il devra être le dernier de tous et le serviteur de tous. »

Il ne vient pas souvent à l'esprit des parents qu'ils répondent jour après jour à cette indication de Jésus. Non pas qu'ils entretiennent l'idée de vouloir être les premiers, mais parce que de fait ils sont les serviteurs de leurs enfants. Non pas qu'ils en soient les domestiques, mais parce qu'ils se sentent instinctivement d'abord au service de la survie du nourrisson, ensuite au service du développement de sa personnalité, enfin au service de son entrée dans la vie adulte.

Les conjoints, premiers lors de leur mariage, deviennent seconds dès qu'un enfant naît, dès qu'ils deviennent parents. Seconds dans leurs préoccupations, seconds dans le temps qu'ils se consacrent l'un à l'autre, seconds dans ce temps qui passe et les relègue progressivement vers le fond de la scène.

Jean-Baptiste était entré déjà dans cette spiritualité de l'effacement que connaissent les parents mieux qui quiconque. Quand ses propres disciples vinrent lui dire que ce Jésus qu'il avait baptisé dans les eaux du Jourdain se mettait à baptiser lui aussi, et que tous venaient à lui, il répondit [4] : « Il faut que celui-là croisse et que, moi, je diminue. »

Nous sommes les précurseurs de nos enfants sur le chemin de la vie, tout comme Jean-Baptiste fut celui de Jésus dans l'histoire du salut. C'est parce que nous sommes avant eux dans le temps, les premiers

---

4. Jean, chapitre 3, verset 26 à 30.

dans notre histoire commune, que leur croissance se fera en même temps que notre effacement.

Être parents, c'est diminuer un peu au fur et à mesure que la croissance de nos enfants s'affirme. C'est leur ouvrir la route en tentant de leur donner des repères pour s'y diriger, des forces pour s'y engager, notre affection pour les soutenir.

Arrive le moment où ils nous dépassent, et marchent en tête. Notre vie, certes, ne s'arrête pas là, mais notre vie de parents prend un autre tour : nous avons beaucoup donné, parfois trop souffert, nous avons été aux commandes, il nous reste à apprendre à nous retirer sur la pointe des pieds, même si nous devons nous rendre disponibles aux appels.

Jésus alla plus loin dans son explication. Appelant un petit enfant, il le plaça au milieu d'eux. Matthieu en dit plus [5] que Marc : « En vérité, je vous le dis, si vous ne changez pas et ne devenez comme les enfants, vous n'entrerez pas dans le royaume des cieux. »

D'un côté donc ces hommes dans la force de l'âge qui se demandent qui aura la meilleure place dans le royaume, et de l'autre Jésus qui leur dit que, s'ils ne changent pas pour devenir comme un enfant, ils n'ont aucune chance de savoir qui sera le plus grand dans ce royaume puisqu'ils n'y entreront même pas.

Qu'ont à apprendre des enfants les apôtres ? Qu'avons-nous nous-mêmes à apprendre des enfants en général et de nos enfants en particulier ? Sans doute pas une qualité individuelle, car un enfant peut être malingre ou vigoureux, rapide ou lent, attentif ou rêveur, tout comme un adulte se différencie d'un autre adulte par ses traits de caractère.

Où est donc cette différence entre les enfants et les adultes ?

---

5. Matthieu, chapitre 18, verset 3.

À moins de traumatismes précoces, la caractéristique fondamentale d'un enfant est sa confiance dans la voix, dans le geste, dans le regard de ses parents. Un enfant ne peut vivre et se développer que s'il a confiance. En totale dépendance pour sa survie pendant longtemps, il est obligé de recevoir et ne peut rien obtenir de ses seules forces. Sans confiance, un enfant meurt.

Au fur et à mesure qu'il va prendre des années, il va se rendre compte que le monde ne fonctionne pas tout le temps selon le modèle de confiance qui lui a permis de grandir : nous avons tous en mémoire le regard étonné d'un de nos enfants quand il découvre qu'il peut être la cible d'une méchanceté.

À sa naissance et durant ses premières années, l'enfant peut nous aider à retrouver les vertus de la confiance qui nous a peut-être quittés au fur et à mesure que nous devenions adultes. Prétendre que cette confiance est fondée sur l'ignorance est sans doute juste, mais ne rend pas compte d'une réalité : c'est l'enfant qui a raison quand il compte sur la confiance, raison dans le sens que c'est cette relation qui est fructueuse, même si elle n'est pas toujours possible.

L'enfant est un maître dans le domaine de la confiance : nous pouvons être à l'écoute de l'enseignement qu'il nous livre sans le savoir. Car nous avons à redécouvrir cette confiance. Jésus le dit expressément : si nous ne changeons pas, nous n'entrerons pas dans ce royaume. Nous avons quelque chose à changer dans notre regard et notre façon d'être et d'agir. Et ce quelque chose est la confiance à l'égard d'une autre façon d'être, d'une autre manière d'envisager le monde.

Comment pourrions-nous être heureux d'avoir une âme de pauvres[6] si nous n'avons pas confiance que le bonheur répond à d'autres règles que celles des puissants et de ceux qui veulent être les premiers ?

---

6. Matthieu, chapitre 5, versets 3 à 11.

Comment pourrions-nous être heureux d'être doux si nous n'avons pas confiance que la loi de l'épée et de la guerre est sans issue, comme le montrera plus tard Jésus[7] en ordonnant à Pierre de remettre l'épée au fourreau après qu'il eut coupé l'oreille d'un soldat venu au jardin des Oliviers la veille de sa crucifixion ?

Comment pourrions-nous être heureux d'être persécutés à cause de la justice si nous n'avons pas la conviction que seule la justice permet la paix et que toutes les deux sont les conditions de l'épanouissement des hommes et des sociétés ?

Comment pourrions-nous être heureux d'être insultés au nom de notre foi si nous n'avons pas confiance que Jésus est mort et ressuscité, après être venu nous révéler que Dieu est un Père aimant pour chacun de nous ?

Il n'y a pas de bonheur sans confiance, il n'y a pas de vie pleine et fructueuse sans confiance. La dépendance de nos enfants nourrissons à notre égard nous manifeste que la confiance est la source même de la vie.

Le monde, comme nous-mêmes, a besoin de changer et de devenir comme ces petits enfants qui jouent leur existence sur la confiance. Mais plus près de nous, ce sont nos familles qui ne pourront vivre que si elles se fondent sur la confiance. Confiance spontanée et émerveillée des débuts de la rencontre, confiance à l'épreuve parfois, confiance détruite peut-être, confiance à entretenir ou à reconstruire.

Cette confiance ne nous est pas obligatoirement naturelle. Jésus continue son enseignement par une déclaration étrange : «Celui-là qui s'abaissera comme cet enfant, c'est lui qui est le plus grand dans le royaume des cieux.» La confiance possède un rapport très étroit avec

---

7. Jean, chapitre 18, versets 10 et 11.

l'humilité. D'autres traductions préfèrent d'ailleurs rendre le texte original par : « Celui qui se fera humble comme ce petit-là. »

Le petit enfant doit faire confiance puisqu'il est impuissant par lui-même. Au fur et à mesure que nous découvrons la puissance, nous ressentons aussi le plaisir d'en jouer, de la ressentir en nous, de la démontrer aux autres.

Ce jeu est inhérent à l'humanité, et c'est bien pour cela que c'est un changement de mentalité qui peut seul nous faire redécouvrir cette humilité, cet abaissement, qui consiste à ne plus vouloir être les premiers, pour nous mettre à découvrir un monde qui a d'autres règles, ce monde que Jésus appelle le royaume des cieux.

La tâche semble rude qui consiste à se convertir intérieurement pour ne plus désirer la première place, pour ne plus chercher comment être le plus grand, pour oser la confiance, fonder son existence sur elle, la reconstruire quand elle a été atteinte, l'entretenir quand elle s'use par la force de l'habitude.

La tâche est rude pour les parents d'avoir confiance dans leurs enfants quand ceux-ci prennent des chemins de traverse, les interpellent, les agressent en semblant les nier, les rejettent pour un temps plus ou moins long.

La tâche est rude et sombre parfois. Et pourtant, à un moment, une lumière traverse cette obscurité dans laquelle nous nous débattons.

L'enfant est toujours là, au milieu du groupe formé par Jésus et les Douze, et les paroles du Christ, soudain et comme souvent, font apparaître cette lumière qui fait de l'Évangile un récit unique : « Quiconque accueille en mon nom un de ces enfants, c'est moi qu'il accueille, et quiconque m'accueille, ce n'est pas moi qu'il accueille, mais celui qui m'a envoyé. »

Accueillir un enfant, c'est accueillir Jésus lui-même, et Dieu en personne. L'accueillir à sa naissance comme parents qui l'ont voulu ou comme parents involontaires, comme parents naturels ou comme parents adoptifs.

L'accueillir comme il est, pour ce qu'il est. L'accueillir au premier jour, et renouveler cet accueil jour après jour.

L'accueillir dans le bonheur mais parfois dans l'incertitude.

L'accueillir dans un mouvement spontané de l'âme comme d'un cœur que semble avoir déserté la joie.

L'accueillir au moment où l'on se sent prêt, comme l'accueillir au moment où l'on s'était fixé d'autres projets.

L'accueillir rayonnant de santé comme l'accueillir déjà souffrant, durement handicapé.

L'accueillir pour le pur bonheur de mettre au monde un enfant, comme pour le pur mystère de savoir que nous accueillons, par lui, le Christ lui-même.

Notre paternité et notre maternité nous dépassent, et de très loin. Nous n'en avons pas la maîtrise totale, quoi que nous fassions, quoi que nous voulions. Elles nous dépassent parce que cet enfant ne nous appartient pas, bien sûr, mais aussi parce que cet enfant ne se réduit pas à son apparence, à sa faiblesse. Elles nous dépassent parce que, en accueillant un enfant, c'est Jésus lui-même que nous accueillons, et encore, même pas lui seulement, mais son Père qui l'a envoyé.

Être parents n'est pas seulement une affaire d'amour entre deux personnes ni une affaire d'éducation ou de responsabilité, même si c'est tout cela aussi bien sûr. Être parents, c'est entrer en relation avec Dieu lui-même à travers ses enfants.

Accueillir un enfant au nom du Fils de Dieu, c'est être automatiquement inséré dans une chaîne d'incarnation qui donne une place au Fils et au Père dans le monde, et dans notre famille singulièrement.

L'Évangile dit des choses terribles que nous mettons du temps à entendre.

Il nous parle de bonheur, d'une autre forme de bonheur que celle recherchée par les puissants.

Il nous parle de service quand le but des hommes semble être de vouloir se faire appeler maîtres.

Il nous parle de confiance quand nous avons vu trop souvent la nôtre être trahie.

Et il nous parle, au détour d'un verset, d'un mystère insondable : nous accueillons Dieu quand nous accueillons nos enfants en son nom.

Nous savions que nous recevions Dieu dans les sacrements, que nous le retrouvions dans sa parole, mais voici qu'il vient chez chacun des parents qui accueillent leurs enfants. Notre être de parent serait-il une sorte de sacrement, à l'image de ce qu'on dit de l'Église quand on la déclare sacramentelle ?

La dignité des parents est multiple, et nous n'avons guère l'occasion de nous en rendre compte, d'abord parce que ce rôle de parents rend humble et parce que nous n'avons pas trop le temps de l'introspection.

Dignité multiple : notre attention à chacun de nos enfants, notre fatigue qui ne nous empêche pas de faire ce que nous avons à faire, nos inquiétudes qui acceptent de se cacher derrière un sourire, nos larmes dans la solitude qui se sèchent comme par enchantement quand l'enfant revient.

Dignité dans le temps consacré à chacun, dans le soin offert, dans l'écoute, dans l'aide apportée.

Dignité quand nous nettoyons, rangeons, servons à table, conduisons, organisons, réparons, soignons, enseignons, accompagnons, recevons.

Dignité quand le temps passe et que nous aidons nos enfants à partir alors que nous allons rester seuls.

Et puis à côté de ces dignités humbles et multiples, cette dignité lumineuse dont nous n'avions peut-être pas conscience : nous accueillons Dieu quand nous accueillons nos enfants en son nom.

Ce Dieu que nous cherchons parfois vainement, que nous déplorons de ne pas plus souvent ni mieux prier, ce Dieu que nous avons laissé tomber un dimanche parce que l'organisation familiale s'est ce jour-là déglinguée.

Ce Dieu qui semble lointain – mais n'est-ce pas plutôt nous qui nous en sommes éloignés ?

Ce Dieu que nous voudrions mieux connaître, mais voilà : l'Évangile nous est tombé des mains au deuxième verset l'autre soir quand nous avons eu l'imprudence de l'ouvrir une fois couchés.

Ce Dieu que beaucoup cherchent et qui nous semble bien mieux servi par d'autres que par nous.

Parents, nous ne sommes pas les prêtres qui donnent les sacrements et nous ne faisons pas venir le Christ sur l'autel dans l'eucharistie. Nous ne sommes pas trois ou quatre fois par jour rassemblés dans une chapelle, un oratoire, à le louer comme le font nos sœurs et frères religieux. Nous sommes moins nourris sans doute de théologie ou d'histoire de l'Église.

Mais voilà, dans nos enfants que nous accueillons, et pas seulement au moment de leur naissance, mais tous les matins et plusieurs fois par jour, quand nous les accueillons envers et contre tout, nous avons la certitude que c'est Jésus que nous accueillons, et, à travers lui, notre Père des cieux, celui qui l'a envoyé, celui-là même que parfois nous regrettons de ne pas mieux connaître, aimer ou servir.

Évangile de Marc, chapitre 9, versets 33 à 37

Et ils vinrent à Capharnaüm. Et quand il fut dans la maison, il les interrogeait : « En chemin, de quoi raisonniez-vous ? » Eux se taisaient, car en chemin ils avaient discuté entre eux de qui était le plus grand.

Et s'étant assis, il appela les Douze et leur dit : « Si quelqu'un veut être le premier, il devra être le dernier de tous et le serviteur de tous. »

Et, prenant un enfant, il le plaça au milieu d'eux et, le serrant dans ses bras, il leur dit : « Quiconque accueille en mon nom un de ces enfants, c'est moi qu'il accueille, et quiconque m'accueille, ce n'est pas moi qu'il accueille, mais celui qui m'a envoyé. »

LE PLUS JEUNE PARTIT…

« UN HOMME avait deux fils[1]. » Il suffit de cette simple phrase pour que s'ouvre un monde de souvenirs et d'imaginaire. Le texte évangélique le plus connu peut-être. Parabole certes, c'est-à-dire histoire inventée pour faire comprendre une réalité subtile, mais histoire qui résonne plus vraie que n'importe quel événement qui serait véritablement survenu.

Un homme avait deux fils. Parabole de la paternité bien plus qu'histoire du remords d'un fils. Parabole qui se lit du fond du cœur des parents, qui y trouve des échos insoupçonnés, qui y déclenche une émotion que ceux qui ne sont pas parents peuvent difficilement percevoir.

Un homme avait deux fils. Comme nous avons des fils et des filles. Nous autres, parents, sommes parents avant d'être autre chose. Nous sommes parents dans un tremblement inquiet, parents dans une reconnaissance discrète, parents dans le souci et l'absence de sommeil, parents dans de simples moments de joie calme, parents qui nous interrogeons et nous sentons coupables de ne pas l'être mieux. Parents fourbus plus souvent qu'à notre tour, parents même quand nos enfants sont loin, parents à plein temps quand nos enfants ne sont nos enfants que par intermittence.

« Et le plus jeune dit à son père : ‹ Père, donne-moi la part de fortune qui me revient. › »

---

1. Luc, chapitre 15, versets 11 à 31.

Une des interrogations de nos enfants, qui peut leur faire du mal quand elle ne sait pas se dire, est redoutable. Qui suis-je, moi qui suis le fruit de l'alliance de mes parents? Qu'est-ce qui m'appartient en propre quand je sais que mes gènes, certaines de mes réactions, viennent de mes parents qui sont à l'origine de ma vie? Quelle est la part qui me revient dans tout cela, dans cette vie de famille, dans cette hérédité, dans ce style de vie qui leur est dû?

Tous les enfants ne donnent pas à ces questions la même intensité, mais tous se les posent un jour ou l'autre. Tous n'y répondent pas par des séparations brutales, mais tous ont besoin d'une prise de distance.

Certains auront besoin de s'éloigner physiquement, d'autres de mettre violemment en cause ce que nous sommes et leur avons transmis, d'autres enfin n'auront besoin que de quitter ce que les psychologues nomment les «parents intérieurs», cette image de ses parents que chaque humain porte en lui.

Nous sommes un poids pour nos enfants quand ils atteignent un certain âge, après qu'ils ont quitté la première enfance durant laquelle nous avons été les artisans de leur survie, puis dépassé la petite enfance durant laquelle nous avons été leur modèle incontournable.

Nous devenons lourds à porter pour nos enfants, car nous avons occupé toute la place, parce que nous avons toujours eu raison pendant des années, parce que nous sommes trop présents ou parce que nous avons été totalement absents et que nous n'avons pas joué notre rôle d'artisan de leur survie.

Nous sommes un poids pour nos enfants simplement parce que nous sommes leurs parents. Nous avons été leur horizon, la mesure de leur existence. Ils sentent plus ou moins distinctement que, pour continuer de vivre, il leur faut dépasser cet horizon qui s'est soudainement considérablement raccourci.

« Donne-moi la part de fortune qui me revient. » L'argent est symbolique dans cette parabole, genre littéraire symbolique lui-même. La demande formulée aurait pu s'exprimer prosaïquement de cette façon : soldons nos comptes, je veux mon indépendance. Indépendance financière qui renvoie à l'indépendance de vie, à la prise d'indépendance à l'égard d'un style de vie, d'une organisation de l'existence.

Nos enfants, à un certain âge, et ce n'est pas le même âge pour tous, ont besoin de partir, de solder – provisoirement – les comptes avec nous pour se connaître, s'évaluer vraiment, savoir qui ils sont avec leurs propres yeux et aux yeux des personnes qui échappent à l'attraction du cercle familial.

Bien sûr, cela ne nous enchante pas pour des milliers de raisons, dont une seule suffirait à ce que notre réticence instinctive nous tourmente.

Cela ne nous enchante pas parce que nous les jugeons trop jeunes pour assumer cette indépendance.

Cela ne nous enchante pas parce que nous avons peur pour eux.

Cela ne nous plaît pas parce que nous ne savons pas comment nous vivrons seuls après avoir tellement investi dans une présence attentive.

Cela ne nous plaît pas parce que nous pressentons que ce travail d'inventaire sur eux-mêmes auquel ils vont se livrer fera apparaître quelques-unes de nos faiblesses, écornera l'image ravie de nous que nous lisions dans leurs regards d'enfants.

Cela ne nous enchante pas parce que cela signifie que nous avons vieilli et que ce passage à l'âge adulte de ceux qui ne l'étaient pas nous pousse dans une autre génération.

La demande d'indépendance d'un enfant doit être perçue, décryptée, reçue, comprise et acceptée par les parents. Certes, le discernement du moment où cette prise d'indépendance est raisonnable est important, mais l'enfant ne doit pas pâtir de notre réaction instinctive qui sera toujours de penser que c'est trop tôt.

« Il leur partagea son bien. » La parabole ne dit pas si ce fut, pour le père, de gaieté de cœur, après un long débat intérieur, une fois seulement la tentation du refus surmontée.

Partager le bien constitue le signe que la séparation est acceptée, que la demande d'autonomie ne rencontre pas de refus, bien plus qu'elle est soutenue puisque les moyens matériels sont donnés pour que cette séparation ait lieu.

Il leur partagea son bien, c'est-à-dire qu'il donna aussi sa part à l'autre fils, l'aîné qui, lui, ne jugea pas utile de partir.

« Et peu de jours après, ramassant tout, le plus jeune fils partit pour un pays lointain. » Il y a des enfants qui ont besoin d'un net éloignement, spatial ou psychologique, pour se trouver eux-mêmes, tandis que d'autres n'en ressentent pas la nécessité. Ainsi le fils aîné qui, bien que doté de la même part de fortune, resta auprès de son père.

Chacun de nos enfants est différent. Ce qui convient à l'un ne convient pas forcément à l'autre. Notre découverte d'une attitude juste et efficace avec l'un pourrait nous faire croire qu'elle peut être répétée avec un autre, alors qu'elle échouera.

Une des premières qualités des parents est la souplesse, qui est la capacité de s'ajuster à des situations et des personnalités différentes. En vérité, cette souplesse peut parfois être éreintante, car nous ne sommes pas sûrs de nous et parce que nous nous raccrochons à une attitude qui a bien fonctionné, à un discours qui a été entendu. Nos enfants ont le droit d'accéder à l'individualité qui réclame de notre part des attitudes adaptées.

Un fils part, un fils reste. Et nous devons croire que c'est bien comme ceci et bien comme cela.

Un fils part très tôt et un autre nettement plus tard. L'un comme l'autre doivent lire dans notre regard que nous le comprenons et l'acceptons.

Un fils donne des nouvelles et un autre n'en donne pas. Et nous nous interrogeons et ressentons de la peine. Et nous devons montrer que l'un comme l'autre sont nos « fils bien-aimés ».

« Peu de jours après, ramassant tout… » Ramassant tout, faisant un paquet de tout cela qui est son passé et que le père a donné. Certaines traductions préfèrent la formule : « Peu de jours après, ayant tout réalisé », ou : « Peu de jours après, rassemblant tout son avoir ».

Tout. Le fils prit tout avec lui en partant. Il ne laissa rien afin de manifester que la rupture était totale.

Rien qu'il envisagerait de venir rechercher.

Rien qui pourrait donner une occasion de dire qu'il repasserait.

Rien pour que n'existe aucun prétexte à un retour en arrière.

Séparation totale, appliquée, systématique. Aucune hésitation qui pourrait faire croire au père qu'il y a encore une chance pour que la rupture ne soit pas consommée.

Que reste-t-il aux pères et mères quand leurs enfants se détournent, quand la rupture voulue par l'enfant est forte, agressive et violente, ou glaciale et déterminée, quand le passé semble nié ?

Que nous reste-t-il, à nous, parents, quand nos enfants partent et que le départ ne se passe pas bien ?

Que nous reste-t-il quand l'enfant emporte tout, ce qu'il est et ce que nous lui avons donné, et un peu de notre cœur de surcroît ?

Nous reste la conviction que nous avons rempli notre rôle sans nous laisser aveugler par nos préférences.

Nous reste la certitude que nous lui avons rendu un autre service, peut-être l'un des derniers, le plus coûteux sans doute, mais l'un des plus nécessaires, ce service âpre à nos cœurs qui nous semble alors bien plus rude que tous les précédents quand il ne s'agissait que de combattre notre sommeil pour soigner une toux, pour éclaircir la conscience après un cauchemar, pour tenter de trouver une solution à des études mal suivies, pour écouter une inquiétude.

Nous reste la découverte que nous ne sommes pas parents pour nous-mêmes, mais pour ceux à qui nous avons donné le jour.

La vie de parents suit un chemin qui n'est pas ordinaire : notre amour et notre instinct nous poussent à donner une vie dans un moment où nous sommes les acteurs intenses de notre destin, alors que cette vie donnée nous poussera sans cesse à nous oublier, à nous faire passer de la première à la deuxième place.

Les photos de nos albums ne trompent pas. Au début, nous sommes les parents triomphants tenant leur nouveau-né dans leurs bras. Nous sommes au centre de la photo et attirons les regards. Cela durera quelques saisons avant que nous soyons de moins en moins présents sur les clichés : nous cédons petit à petit la place, nous captons moins l'objectif qui s'intéresse aux enfants qui grandissent plus qu'aux parents qui vieillissent.

Présents dans l'amour au moment où la vie est lancée, nous passons au second plan, et nous serons toujours au second plan. Nous sommes les serviteurs de la croissance de nos enfants.

Nous sommes parents quand nous portons l'enfant dans nos bras, quand nous le sentons peser dans nos bras, parce que nous en acceptons le poids.

Tout parent qui se fait passer après ses enfants parce qu'il croit qu'il a pour charge de les faire grandir plutôt que de se glorifier ou se réaliser lui-même adopte un jour ses enfants et comprend qu'il n'est pas parent pour l'instant biologique qui crée la vie, mais pour tous ces moments répétés où il a permis que son enfant grandisse, pour toutes ses acceptations de lui donner plus d'importance qu'à lui-même, pour ces sourires encourageants quand la lassitude pourtant le gagnait, pour cette confiance affichée quand la déception l'attristait, pour ces fronts sereins quand l'inquiétude le submergeait.

Les parents acceptent d'être en retrait, de ne pas occuper la place principale dans leurs propres préoccupations, d'être ceux qu'il faut plutôt que ceux qu'ils voudraient.

Ils admettent un jour être cette présence attentive et massive attendue, alors qu'ils préféreraient s'isoler en eux-mêmes.

Ils feignent un autre jour une discrétion tout aussi déterminée, alors qu'ils désireraient tant à ce moment s'imposer au vu de tous.

Les parents ne sont pas d'abord parents parce qu'ils sont géniteurs, mais quand ils poursuivent le but de faire de leurs enfants des êtres autonomes, quand ils veulent agir pour un jour ne plus être utiles.

Nous reste le défi – qui n'est pas mince – de rencontrer l'irrémédiable : être parents, c'est accepter de mourir un peu.

Nous reste aussi, du moins puis-je l'espérer, cette réalité que nous sommes parents ensemble, mari et femme, et que cette ascèse qui est notre lot peut se vivre à deux.

Nous reste à attendre et à guetter...

« Tandis qu'il était encore loin, son père le vit... »

Pour voir de loin, il faut soit se trouver par hasard au bon endroit, soit avoir guetté régulièrement et scruté le bout du chemin.

L'histoire de nos enfants ne s'arrête pas aux moments de crise ni d'ailleurs aux moments d'harmonie. Elle va toujours plus loin que l'instant. L'avenir est plus ouvert que nous le redoutons dans ces moments de crise, et moins assuré que nous l'espérons dans ces moments d'harmonie.

Nous sommes les guetteurs de nos enfants, nous les envisageons dans une durée plus longue que celle qu'ils envisagent eux-mêmes.

Nous nous préoccupons de leurs études et de leurs métiers avant qu'ils ne s'y intéressent, nous suivons leurs rencontres avec l'idée qu'elles puissent devenir un amour avant qu'eux-mêmes n'imaginent une telle évolution.

Nous voudrions être grands-parents avant qu'ils veuillent être parents...

Nous les voyons quand ils sont encore loin...

Guetter et voir loin, c'est dire implicitement à nos enfants qu'il y a un avenir. Guetter le retour, c'est accomplir un acte d'une force peu banale puisque c'est croire qu'il y aura présence après l'absence. Voir de loin, c'est exprimer une confiance.

Nos enfants ont besoin de cette confiance même quand ils expriment ce qui peut paraître une défiance à notre égard.

Ils ont besoin de sentir notre conviction qu'il y a un avenir même si eux-mêmes refusent de l'envisager.

Ils ont besoin de la stabilité de nos sentiments même quand eux-mêmes s'interrogent sur les leurs, ou veulent leur imposer silence pour mieux se trouver.

La parabole raconte ce que fit et ressentit l'enfant durant son absence. Faisons comme le père qui n'en sut sans doute rien et qui ne fit rien si jamais il l'apprit.

L'enfant est parti, et bien souvent nous ne savons rien de ce qui se passe, ou parfois nous savons mais devons nous interdire d'agir afin que l'expérience aille jusqu'au bout, afin que notre enfant trouve en lui les ressources qui lui permettront de vivre comme il l'a choisi ou de changer de vie s'il découvre l'impasse dans laquelle il s'est engagé.

Nous ne savons rien, ou nous savons mais ne faisons rien. Nous guettons sur le seuil de la porte, nous guettons, manifestant notre confiance même si celle-ci vacille, espérant un avenir même si les souvenirs heureux du passé nous déchirent.

« Tandis qu'il était encore loin, son père le vit et fut pris de pitié. » Ou de compassion, dit une autre traduction.

Les parents auraient du mal aujourd'hui à nommer pitié leur sentiment à l'égard de leurs enfants. Ils préféreront parler d'émotion.

Le Christ est souvent « pris de pitié ».

Pour les foules fatiguées et prostrées comme des brebis sans pasteur [2].

Pour les foules et les infirmes qui le suivent [3].

Pour les foules, toujours, qui l'ont suivi depuis trois jours et n'ont rien à manger [4].

Pour les aveugles à la sortie de Jéricho qui lui demandent que « leurs yeux s'ouvrent [5] ».

La pitié de Jésus, sa compassion, est toujours un mouvement du cœur en réponse à un signe de confiance. Chaque fois, il s'agit d'une pitié agissante qui vient du cœur, car elle mesure la peine, le malheur, la honte de son vis-à-vis, et qui se transforme en action (guérison, nourriture, accueil…)

Il ne s'agit pas d'une pitié qui rabaisse et méprise, mais d'une pitié éprouvée par celui qui voit le mal ou la difficulté et veut aider à retrouver le bien.

« Il fut pris de pitié ; il courut se jeter à son cou et le couvrit de baisers. »

Quand l'enfant manifeste le signe du remords ou du retour, le signe de la demande ou simplement celui de la honte, le seul mouvement possible est de ne pas lui laisser faire tout le chemin, mais d'aller à sa

---

2. Matthieu, chapitre 9, verset 36.

3. Matthieu, chapitre 14, verset 14.

4. Matthieu, chapitre 15, verset 32.

5. Matthieu, chapitre 20, verset 34.

rencontre. Un enfant n'a pas à aller à Canossa quand il revient vers ses parents. Il n'a pas à s'humilier en privé ou en public.

Les parents doivent couvrir une partie de la distance qui a été établie entre eux, malgré eux, contre eux.

C'est dans cet équilibre subtil que réside la relation de parents à enfants. Ceux-ci peuvent partir, doivent partir, et s'ils le font dans l'opposition, les parents doivent respecter leur décision, et admettre le silence qui leur est opposé.

Mais si l'enfant fait un signe, alors ce signe doit suffire pour avertir les parents qu'ils peuvent renoncer à la distance, à la séparation, à la discrétion qu'ils se sont imposées.

La parabole met en scène le fils et le père, et ne dit rien de la mère, concession à la culture du temps. Pourtant, une autre scène biblique échappe à cette convention dans un texte d'une particulière poésie [6], même si les circonstances de l'absence du fils sont différentes.

Tobit, le père, est aveugle, et son fils, Tobie, est parti pour un long voyage.

« Anna était assise, surveillant le chemin de son fils. Elle l'aperçut qui venait. [...] Elle courut se jeter au cou de son fils et lui dit : ‹Je t'ai vu, mon enfant ! désormais je puis mourir›, et elle fondit en larmes. Tobit se leva et, tout en trébuchant, sortit par la porte de la cour. Tobie alla vers lui, le fiel de poisson dans sa main ; il lui souffla dans les yeux et, le saisissant, il dit : ‹Courage, père !› Il mit sur lui le remède et le maintint ; puis, de ses deux mains, il détacha des écailles des coins de ses yeux. Tobit se jeta à son cou, fondit en larmes et lui dit : ‹Je t'ai vu, mon fils, la lumière de mes yeux !›»

C'est la mère qui guette... Comment pourrait le faire le père qui est aveugle ? Ce sont souvent les mères qui guettent, reconnaissons-le,

---

6. Tobie, chapitre 11, versets 5 à 15.

quand les pères se murent plus souvent dans la peine ou l'inflexibilité après avoir été blessés.

Elle surveille le chemin de son fils, celui par lequel il est parti, celui par lequel elle espère le voir revenir. Et longtemps elle a guetté si on en croit les nombreuses péripéties du voyage de Tobie rapportées dans le texte biblique.

Elle court dès qu'elle le reconnaît au loin, se jette à son cou, fond en larmes après avoir manifesté sa joie. L'attente a été si longue et le soulagement si fort qu'elle accepte maintenant de mourir.

Le père entre alors dans la scène, comme souvent le font les pères, moins sûrs de leur instinct que les mères, plus lents à oublier et à pardonner, plus encombrés de principes justes, croient-ils, mais qui les empêchent de ressentir la joie du soulagement. Les pères mettent du temps à se rendre à l'évidence : l'amour efface les fautes.

Il trébuche puisqu'il est aveugle, mais il a entendu ce qui se passait. Et il n'attend pas que son fils fasse tout le chemin vers lui. Il se met en route, même maladroitement, même avec un peu de retard sur la mère.

Tobie marche aussi vers son père et lui apporte la guérison, lui redonnant la vue. Vue sur le monde, et vue sur lui-même qui était absent. Tobit se jette au cou de son fils, fond en larmes lui aussi : « Je t'ai vu, mon fils… »

Mère et père unis dans la même phrase, prononcée par l'une puis par l'autre : « Je t'ai vu… »

Je t'ai vu, comme le père de l'enfant qui est parti avec sa part de fortune voit de loin son fils revenir.

Je t'ai vu, comme nous voyons nos enfants. Mais comment les voyons-nous ?

« Vite, apportez la plus belle robe et l'en revêtez, et mettez-lui un anneau au doigt et des chaussures aux pieds. »

Le père ne demande pas au fils de rembourser ; il ne lui demande pas plus ce qu'il a fait de la part de fortune. Il le réintroduit dans la dignité qu'il avait perdue : robe la plus belle, anneau, qui est une alliance, c'est-à-dire le signe que la relation est renouée, chaussures. Il lui redonne les insignes de la vie antérieure, celle qui avait été mise entre parenthèses.

Chaque enfant met un jour en doute sa capacité à être lui-même, et il lui faut, pour répondre à ce doute, partir d'une certaine manière, prendre de la distance, mettre en cause un héritage.

Chaque enfant met un jour en doute sa dignité, se demandant s'il est à la hauteur de ce qu'il suppose être les attentes de ses parents, et il lui faut parfois de longs détours pour découvrir que ces attentes n'ont pas de sens. Pas de sens, que ces attentes existent ou soient le fruit de son imagination.

L'enfant peut en effet créer des attentes qui n'existent pas et se lancer à lui-même des défis qu'il attribue à l'espoir de ses parents sur lui. Inversement, les parents peuvent faire porter à leur enfant le poids de leur désir de revanche ou celui de leur inquiétude sur les difficultés de son avenir.

Dans les deux cas, le poids est lourd et peut empêcher la croissance. Arrive le moment où l'enfant a besoin de fuir le regard de ses parents qu'il perçoit comme déçu.

« Je t'ai vu », a dit la mère de Tobie. « Je t'ai vu », a dit son père. « Son père le vit », dit la parabole. Comment voyons-nous nos enfants ?

La question n'est pas futile quand nous savons que nos enfants passent beaucoup de temps à se lire eux-mêmes dans nos regards. Comment regardons-nous nos enfants ?

Avec habitude ? Avec perplexité ? Avec exaspération ? Avec admiration ? Avec compassion ? Avec défiance ? Avec confiance ?

Il faudrait, je le crois, que nous sachions faire nôtres les regards de la mère et du père de Tobie, celui du père de l'enfant qui a dilapidé l'héritage.

Le regard de celui qui a longtemps attendu n'est pas le regard de celui qui a pris l'habitude.

Le regard de celui qui s'est beaucoup inquiété et est maintenant soulagé n'est pas le regard de celui qui jamais n'a rien redouté.

Le regard de celui qui court vers son enfant n'est pas le regard de celui qui attend que l'enfant fasse tout le chemin.

Le regard d'un parent ne peut être le regard d'un frère, d'un professeur, d'un grand-parent.

C'est un regard qui peut être d'une richesse incroyable.

Le regard d'avant l'enfance, quand il n'y a rien encore à voir mais que déjà la vie a été donnée.

Le regard familier de ceux qui ont été les témoins du premier effort pour se mettre debout.

Le regard qui a suffisamment attiré pour que l'enfant ait fait ses premiers pas vers nous.

Un regard proche des larmes quand pour la première fois l'enfant nous a donné notre nom de « papa » ou de « maman ».

Un regard de confiance, même quand la confiance semble s'échapper.

Un regard de respect, même quand l'enfant semble ne plus rien respecter.

Un regard qui donne la liberté au moment où elle a besoin d'être prise.

Un regard de connivence quand les chemins de la liberté ont été explorés et que la relation d'enfants à parents devient celle d'adultes : deux compréhensions qui s'échangent.

«Mangeons, festoyons, parce que mon fils que voilà était mort, et il est revenu à la vie ; il était perdu, et il est retrouvé ! » Le père ordonne à ses serviteurs d'organiser la fête.

Et un peu plus tard, au fils aîné qui refuse de se joindre aux réjouissances, il dit à nouveau : «Ton frère que voilà était mort, et il a repris vie ; il était perdu, et il est retrouvé ! »

Mort et vie.

La vie que les parents donnent à leurs enfants ne se résume pas au moment de la conception ni même aux premières nourritures qu'ils seraient incapables de trouver eux-mêmes. Sans cesse, nous donnons la vie à nos enfants, par nos regards justement, par notre confiance, par cette façon que nous avons de leur donner d'abord la sécurité et ensuite la possibilité de construire leur liberté.

Perdu, retrouvé. Il arrive parfois que nous souffrions de croire qu'ils sont perdus avant, un jour, de les retrouver.

Évangile de Luc, chapitre 15, versets 11 à 31

Il dit encore : «Un homme avait deux fils. Et le plus jeune dit à son père : ‹ Père, donne-moi la part de fortune qui me revient. › Il leur partagea son bien. Et peu de jours après, ramassant tout, le plus jeune fils partit pour un pays lointain et y dissipa son bien en vivant dans l'inconduite.

«Quand il eut tout dépensé, survint une famine sévère dans ce pays, et il commença à manquer. Il alla s'attacher à l'un des citoyens de ce pays, qui l'envoya dans ses champs garder ses cochons. Et il aurait bien voulu se remplir le ventre des caroubes que mangeaient les cochons, et personne ne lui en donnait.

«Revenant à lui, il dit : ‹Combien de mercenaires de mon père ont du pain en surabondance, et moi je suis ici à périr de faim ! Je veux partir, aller vers mon père et lui dire : "Père, j'ai péché contre le Ciel et envers toi ; je ne suis plus digne d'être appelé ton fils, traite-moi comme l'un de tes mercenaires." ›

« Il partit et vint vers son père.

« Tandis qu'il était encore loin, son père le vit et fut pris de pitié ; il courut se jeter à son cou et le couvrit de baisers. Le fils lui dit : ‹ Père, j'ai péché contre le Ciel et envers toi ; je ne suis plus digne d'être appelé ton fils. › Mais le père dit à ses esclaves : ‹ Vite, apportez la plus belle robe, l'en revêtez, mettez-lui un anneau au doigt et des chaussures aux pieds. Et amenez le veau gras, tuez-le, mangeons et festoyons, parce que mon fils que voilà était mort, et il est revenu à la vie ; il était perdu ; et il est retrouvé ! › Et ils se mirent à festoyer.

« Son fils aîné était aux champs. Et quand, à son retour, il approcha de la maison, il entendit de la musique et des danses, et appelant à lui un des serviteurs, il demanda ce que cela pouvait bien être.

« Celui-ci lui dit : ‹ C'est ton frère qui est arrivé, et ton père a tué le veau gras puisqu'il l'a recouvré en bonne santé. ›

« Il se mit en colère et refusait d'entrer. Son père sortit l'en prier.

« Mais répondant, il dit à son père : ‹ Voilà des années que je te suis asservi sans avoir transgressé un seul de tes ordres, et à moi tu n'as jamais donné un chevreau, pour festoyer avec mes amis, et quand ton fils que voilà revient, après avoir dévoré ton bien avec des prostituées, tu fais tuer pour lui le veau gras ! ›

« Il lui dit : ‹ Toi, mon enfant, tu es toujours avec moi, et tout ce qui est à moi est à toi. Mais il fallait bien festoyer et se réjouir, parce que ton frère que voilà était mort, et il a repris vie ; il était perdu, et il est retrouvé ! › »

LA SEMENCE POUSSE ET GRANDIT...

C'ÉTAIT UN PAYS DE CULTURE, de pêche et d'élevage, et nous sommes une civilisation d'outils, de ville et de loisirs. Le temps s'écoulait lentement à cette époque : chacun pouvait voir le soleil se lever, monter au zénith, puis descendre et disparaître.

La vie était courte, mais elle passait moins vite. On allait à pied : la lenteur étirait le temps, tandis que notre vitesse semble le raccourcir.

Pas étonnant donc que Jésus utilise les phénomènes de la nature pour faire comprendre son message : le champ où est caché un trésor, le chemin sur lequel tombe la graine, les brebis qui s'égarent, la pêche qui, contre toute attente, se fait nombreuse, la lampe qui ne se met pas sous le boisseau quand la lumière se fait chiche.

Un homme a jeté une semence[1] sur la terre, comme un geste de confiance et d'espoir. Graine petite comme le sont toutes les graines. Graine qui n'est rien en soi si elle ne trouve un lieu qui l'accueille.

La graine est en terre, invisible d'abord, mais déjà soumise à une alchimie qui ne lui appartient pas mais dont elle bénéficie : « Que l'homme dorme ou qu'il se lève, de nuit et de jour, la semence pousse et grandit. »

Ce que nous disons à nos enfants, ce que nous leur donnons à voir ne relève pas d'un plan qui se voudrait parfaitement pensé, totalement maîtrisé et conduit de façon systématique.

---

1. Marc, chapitre 4, versets 26 à 29.

Il y a des techniques d'éducation, et des principes, et sans doute est-il bon de connaître les grands ressorts de la psychologie de l'être humain, mais cette connaissance n'est qu'une petite partie de l'œuvre éducative. Le reste est constitué de gestes minuscules, de paroles instinctives, d'un rire bref et soudain, d'un regard qui s'attarde. Et ce reste est le plus considérable, autant par son accumulation que par son importance.

Et ce reste est comme une multitude de semences jetées, très souvent sans en avoir conscience, et que le vent a apportées à l'oreille, aux yeux, au cœur de nos enfants.

Nous n'avons pas la maîtrise de notre « métier » de parents, même si nous choisissons consciemment les valeurs, les habitudes, les rythmes, les principes que nous voulons transmettre.

Nos principes d'éducation sont une chose, et il y a des moments où nous les exprimons sciemment, dans une responsabilité enseignante, mais notre œuvre d'éducation ne se réduit pas à ces moments de conscience enseignante ; elle est beaucoup plus vaste et se déploie à travers ces moments minuscules qui constituent la vie de famille.

La semence minuscule a été jetée, et qu'il dorme ou veille, l'homme ne fait plus grand-chose sinon d'améliorer les conditions de la croissance : un peu d'eau, une protection peut-être contre les oiseaux qui voudraient se nourrir directement de la graine déposée en terre.

La croissance est une longue patience, et la patience n'est pas une qualité des pays qui ont appris à aller toujours plus vite et ont rencontré l'inquiétude au fur et à mesure qu'ils développaient leur puissance.

Les parents des pays occidentaux le savent : ils sont certainement plus inquiets à propos de leurs enfants que ne l'étaient leurs aïeuls à une époque où la famille trouvait ses équilibres de façon plus spontanée.

Ce n'est pas parce que nous aurions plus peur de notre responsabilité de parents, mais plutôt parce que notre époque a du mal à retrouver des instincts naturels qui s'imposaient auparavant d'eux-mêmes.

La famille n'était pas l'objet de discussion, elle était la réalité sociale spontanée. Nous savons aujourd'hui, dans les pays les plus riches, et dans quelques autres frappés par de trop grandes misères ou des guerres trop cruelles, que le milieu familial a perdu une bonne part de ce qui faisait sa stabilité, une bonne part de son action stabilisatrice.

Avouons-le : les parents, dans leur très grande majorité, sont des parents inquiets.

Inquiets des risques que courent leurs enfants, inquiets aussi de ne pas faire ce qu'il faut pour leurs enfants.

Inquiets parfois au point de forcer les mises en garde et les interdictions, les déclarations de principes et les protections.

Inquiets au point de transmettre involontairement cette inquiétude à leurs enfants.

Inquiets au point de substituer à la confiance instinctive dans la vie la méfiance et la peur du risque.

Et, pourtant, de nuit et de jour, que les parents dorment ou se lèvent, la semence pousse et grandit.

Il y a une force dans la semence elle-même qui la fait grandir.

Certes, les parents peuvent aider et améliorer les conditions de cette croissance, mais cette force existe en dehors d'eux, installée dans le corps, le cœur profond et l'esprit de leurs enfants.

« D'elle-même la terre produit du fruit. » D'elle-même, d'abord grâce à elle-même. Avec de la pluie bien sûr, et du soleil, et pour peu que la graine n'ait pas été arrachée ou brûlée.

« Elle produit du fruit, d'abord une herbe, puis un épi, puis du blé plein l'épi. » La progression de la croissance est continue et respecte des étapes.

La graine ne devient pas épi riche de blé du jour au lendemain ; il lui faut passer par des étapes de mutation, des stades d'identité différente : herbe, épi, blé.

Ainsi en est-il de nos enfants : nous ne pouvons pas envisager de les amener trop vite à leur état d'adulte responsable. Nous ne pouvons pas forcer leur croissance.

Laisser du temps aux enfants. Accepter qu'ils soient un long moment dans un état d'herbe un peu folle, herbe fragile ou trop vite montée en graine qui ne laisse pas envisager le fruit qu'elle portera un jour.

Accepter que l'épi soit malingre d'abord, lui laisser le temps de se fortifier, même si ce temps est long et menace notre patience et notre confiance.

De nuit et de jour, la semence pousse, que nous en ayons conscience ou pas.

La croissance de la graine est invisible à l'œil (quand elle pousse de nuit), seuls les stades d'identité nous sont perceptibles (quand il fait jour) : un matin, nous constatons un peu ébahis que l'herbe ne peut plus s'appeler herbe, mais se nomme clairement épi, et un autre matin que l'épi n'est plus un épi mais est devenu le blé.

L'inquiétude de certains parents est paradoxale : ils craignent jour après jour que leurs enfants ne progressent pas assez vite, et quand cette progression est éclatante, ils redoutent que leurs enfants leur échappent et deviennent « quelque chose » qu'ils n'avaient pas imaginé.

Cette double inquiétude, si elle surgit et quand elle surgit, doit nous avertir que nous sommes dans un moment intérieur qui manque d'équilibre, car elle est le signe d'un phénomène peut-être pernicieux : nous nous identifions trop au destin de nos enfants.

Cette identification est elle aussi paradoxale, car elle est néfaste, alors qu'elle provient d'un sentiment louable de responsabilité.

Vouloir le mieux pour ses enfants est sans doute une manifestation spontanée de l'instinct maternel et de l'instinct paternel. Redouter que ce mieux ne survienne pas, s'inquiéter des moyens les plus propices pour le faire survenir, se mobiliser pour réunir les conditions du progrès et de la croissance semblent être des conséquences naturelles de cet instinct, les expressions actives d'une responsabilité qui se prend au sérieux.

Le problème est de déterminer quel est ce mieux que nous voulons pour nos enfants. Or, il n'est pas tout d'un bloc.

Si la santé, le bonheur, un minimum de prospérité apparaissent comme constitutifs de ce mieux, d'autres facteurs plus précis sont largement sujets à caution, et les exemples ne manquent pas.

Si on considère les études, par exemple, doit-on s'entêter à conduire des enfants vers des professions dont on imagine qu'elles sont les plus propices à donner un métier stable et rémunérateur, alors que le goût de l'enfant ne semble pas y correspondre ?

Si on considère la vie spirituelle, est-il raisonnable, à partir d'un certain âge, de contraindre les enfants à suivre la famille à la messe du dimanche, ou à les forcer à participer à la prière du soir, si ces choix spirituels des parents sont le lieu de conflits avec leurs adolescents ?

L'inquiétude des parents peut les conduire à imposer ce qu'on peut appeler un matraquage éducatif.

De la même façon que l'on parle du matraquage de la publicité ou de la propagande qui repose sur l'idée qu'à force de répéter un slogan ou une idée on parviendra bien à la faire admettre, de la même façon certains parents redoutent de ne pas avoir tout tenté pour œuvrer au bien de leurs enfants, et en rajoutent dans le discours et les mises en garde, dans les efforts de persuasion et parfois les contraintes et les obligations, au point d'envahir l'espace intérieur de leurs enfants.

La responsabilité prend un tour dangereux quand celui qui l'exerce commence à croire qu'il sait forcément et toujours ce qui convient à l'enfant, et que celui-ci est incapable de discerner son chemin de croissance propre.

L'éducation n'est pas une œuvre d'envahissement, mais une aide pour que l'enfant grandisse. À partir du moment où un enfant arrive à un certain âge, nous ne pouvons ni ne devons espérer nous substituer à sa force de croissance interne.

Il peut y avoir des éducations totalitaires qui s'ignorent et s'exercent au nom du plus grand idéal : faire survenir le mieux pour ses enfants, un mieux que les parents ont décidé comme étant le seul possible pour leurs enfants.

Cette dérive est rarement le fruit de l'analyse objective d'une situation, et le plus souvent la marque d'une faiblesse intérieure des parents qui possède au moins trois origines.

• *Une trop grande inquiétude* face au monde où nous vivons : ce monde est mauvais, a perdu toute valeur, menace l'intégrité morale de nos enfants. Du coup, les parents protègent de manière excessive, érigent la méfiance en réflexe, coupent leurs enfants des influences extérieures.

• *Une trop grande impatience :* nos enfants ne progressent pas assez vite ; progresseront-ils un jour comme nous le souhaitons ? Du coup, ces parents impatients forcent la croissance, comme on le ferait pour accélérer la pousse de la graine en la soumettant à une lumière artificielle et à des arrosages continuels.

• *Un manque de confiance* en leurs enfants : la graine semble si fragile qu'elle a toutes les chances de ne pas savoir grandir. Du coup, devant cet enfant qui paraît si vulnérable, si loin des dures réalités de l'existence, si peu attentif, si influençable, les parents se laissent aller à substituer leur volonté à la sienne.

C'est donc la vie intérieure des parents qui, dans ces situations, est en cause : un déséquilibre qu'il leur faut cerner pour le corriger.

Le manque de confiance instinctive est une faiblesse psychique qui cherchera toujours des causes objectives pour se justifier, et qui trouvera ces causes sans mal puisqu'en effet le monde les fournit, et parfois en abondance.

Mais ces causes, pour réelles qu'elles puissent être, ne sont pas vraiment la raison de ce déséquilibre de la vie intérieure des parents. C'est leur regard qui est entaché, un peu comme le regard qui, devant une bouteille à moitié emplie, préfère la voir à moitié vide, alors que d'autres la jugent à moitié pleine.

C'est le manque de confiance, inscrit en soi, qui conduit certains parents à développer une éducation trop envahissante, trop brutale, ne laissant pas assez d'espace de liberté à la réflexion personnelle et à la découverte progressive qui sont des droits inaliénables des enfants.

Cette éducation trop envahissante se reconnaît aussi à une attitude qui consiste à craindre toute influence extérieure pour ses enfants. On aura peur qu'ils partent en colonie de vacances parce que l'on craindra un accident de car, une mauvaise rencontre, une trop grande fatigue.

On ne voudra pas que l'enfant aille dormir chez un camarade parce que l'on se demandera quel film il risque de regarder le soir à la télévision.

Certes, ces risques et ces dangers existent, et il faut tenter de les réduire, mais, là encore, la peur d'une autre influence est caractéristique d'un déséquilibre dans l'éducation.

La rencontre d'autres milieux, la découverte d'autres situations, la confrontation à d'autres modèles éducatifs sont des expériences qui, à partir d'un certain âge, enrichissent l'éducation que nous prodiguons nous-mêmes.

Il n'y a pas à avoir peur que ces influences détruisent nos propres efforts ; elles sont au contraire l'occasion d'échanges fructueux, de comparaisons qui solidifient les choix.

L'éducation de nos enfants ne peut pas se réduire à notre seule action. Celle-ci a besoin de s'enrichir d'autres influences, d'autres expériences, d'autres rencontres.

Là encore, c'est une décision de confiance et d'humilité : « De jour et de nuit, la semence pousse et grandit ; comment ? nous ne le savons pas », c'est-à-dire que nous ne maîtrisons pas tout et qu'il est bon que nous ne sachions pas tout ni ne maîtrisions tout.

Saint Paul, usant de la même métaphore de la graine qui grandit, reconnaît[2] : « J'ai planté, Apollos a irrigué, mais c'est Dieu qui a donné la croissance. Donc, celui qui plante n'est rien, ni celui qui arrose, mais bien celui qui donne la croissance, Dieu. »

Humilité donc qui remet les influences à leur place : notre responsabilité est grande, mais elle n'est pas unique.

Notre tâche est noble, mais nous ne sommes pas le seul horizon de nos enfants, et nous n'en sommes même pas la seule origine : Dieu, Père de chaque enfant de la terre, est celui qui donne la croissance.

Chaque graine, chaque enfant, possède une vérité longtemps inconnue, longtemps invisible même aux yeux des observateurs les plus affectueux, les mieux intentionnés, les plus prévenants.

Cette vérité est logée au cœur profond de l'enfant, déposée par le Père des cieux. La découverte de cette vérité intime, de ce talent inimitable, est une œuvre de longue patience à la fois pour l'enfant et pour ses parents.

---

2. Paul, première lettre aux Corinthiens, chapitre 3, verset 6.

Ce peut être aussi une œuvre à recommencer après qu'on aura cru s'être approché de cette vérité, de ce mystère, de ce talent, et que l'on se rend compte qu'on a fait fausse route.

C'est en même temps une œuvre passionnante qui consiste à partir à la découverte d'une vérité inconnue qui se révélera progressivement, s'enrichira, hésitera, imaginera, se déploiera, trébuchera peut-être, s'affermira.

La découverte de leurs enfants par des parents est sans doute une des plus grandes joies de l'existence qui puisse être donnée à un être humain. Contempler cette mue qui conduit de la graine à l'herbe, de l'herbe à l'épi, et de l'épi au blé, est une expérience à la fois fascinante et émouvante.

Contempler, certes, mais agir aussi. Agir en rendant la terre un peu plus propre, en fournissant l'eau nécessaire qui est la nourriture pour le corps et le cœur, et le soleil qui est la joie qui réchauffe et la confiance qui fait du bien.

Agir en effet, mais sans excès, sans se laisser conduire par l'inquiétude, la méfiance, la certitude qu'on est seul à savoir ce qui est bon et bien.

Agir non pas en propriétaires de leurs enfants, mais comme les gérants, les mandataires, de leur Père qui est dans les cieux et qui a déposé en eux les potentialités de croissance et de bonheur particulières qu'il leur destinait.

Évangile de Marc, chapitre 4, versets 26 à 29

Et il disait : « Il en est du royaume de Dieu comme d'un homme qui aurait jeté la semence sur la terre. Qu'il dorme ou qu'il se lève, de nuit et de jour, la semence pousse et grandit, comment, il ne le sait pas.

« D'elle-même la terre produit du fruit, d'abord une herbe, puis un épi, puis du blé plein l'épi. Lorsque le fruit s'y prête, aussitôt il y met la faucille, parce que la moisson est là. »

DONNE-MOI À BOIRE...

I L ÉTAIT FATIGUÉ par le voyage[1]. Toutes ces routes parcourues de Judée en Galilée, le soleil et la poussière, et les arrêts au bord des sources ou près de puits. Un peu d'ombre et de l'eau : il faut, dans ces pays, et encore plus à cette époque, savoir s'arrêter.

Les familles chrétiennes sont souvent des familles très occupées. Certaines d'entre elles paraissent même parfois submergées : le désir d'engagement sans doute, une certaine disposition à aider, la peur d'un égoïsme.

Les familles d'aujourd'hui, chrétiennes ou pas, sont des familles qui courent plus vite, plus souvent et plus loin que les familles des temps anciens pour lesquelles le temps s'écoulait à un autre rythme.

Les familles d'aujourd'hui présument souvent de leurs forces et nient parfois leur fatigue jusqu'au moment où celle-ci les rattrape et les met en danger.

Jésus était donc fatigué, soucieux d'un peu de calme, de se mettre à l'écart pour goûter quelque solitude, laissant à ses disciples le soin de s'occuper de l'intendance, du repas à approvisionner, à préparer.

Laisser à d'autres certains soucis dans certaines occasions, ne pas se croire en tout et à chaque moment indispensable, accepter parfois un peu d'inorganisation, ne pas se forcer au-delà de ses limites au nom de sa responsabilité, pour à ses enfants donner le meilleur. Accepter, simplement, de ne pas toujours paraître celle ou celui qui maîtrise,

---

1. Jean, chapitre 4, versets 1 à 42.

reconnaître que l'on ne peut sans trêve se dévouer pour le bien-être des uns et des autres.

Les parents ont besoin de halte, en couple, seul chacun parfois aussi, besoin de n'avoir rien à faire, de savoir que les heures prochaines leur appartiennent, sans que personne ne puisse les leur ravir.

Jésus, fatigué, à proximité du puits, une femme qui passe : il lui demande de l'eau. S'instaure alors un dialogue un peu surréaliste où l'équivoque est reine, où chacun parle dans un contexte différent de celui de l'autre.

Comme souvent dans les dialogues avec nos enfants, le point de départ est absolument prosaïque : il n'y a pas de désir d'entamer une « conversation sérieuse », mais surgit simplement une question ou une observation qui va mener ailleurs.

Nous connaissons ces conversations autour de la table familiale qui commencent par une anecdote à l'école et finissent par des interrogations plus ou moins angoissées sur l'avenir, des colères contre l'injustice, des débats et des remises en cause de nos attitudes.

Au départ, simple demande d'un homme qui a soif après une route fatigante. « Donne-moi à boire », dit Jésus, comme l'un de nos enfants dirait à l'autre : « Passe-moi le pain. »

Simple phrase de commodité qui se révèle immédiatement porteuse d'une autre dimension.

Les Samaritains étaient des sangs-mêlés, des schismatiques et des hérétiques aux yeux des Juifs, des gens à ne pas fréquenter même quand on est fatigué après une longue route, que l'on a soif et que l'on ne dispose pas de récipient pour puiser l'eau claire propre à rafraîchir.

Jésus, insensible aux conventions, entre directement dans une relation qui fait peu de cas de l'histoire ancienne, des réputations et des querelles entamées par les aïeux et entretenues fidèlement par les nouvelles générations.

La femme qui venait d'arriver pour puiser de l'eau en plein midi ne manifesta pas la même liberté, le même dédain pour les conventions. Elle prête instinctivement à Jésus les sentiments communs à tous les Juifs qu'elle connaît ou dont elle a entendu parler. Elle rappelle les frontières érigées depuis des siècles, l'interpellant sur ses origines qui rendent impossible le moindre contact avec elle : « Comment ! toi qui es Juif, tu me demandes à boire à moi qui suis une femme samaritaine ? »

Toi, moi. Juif, Samaritain. Homme, femme. Nous n'avons rien à nous dire, rien à faire ensemble : nous ne pouvons pas dépendre l'un de l'autre pour quoi que ce soit.

Beaucoup de familles chrétiennes se sentent agressées dans leur foi, dans leur idéal, dans leur morale par le monde moderne. Elles se groupent et tentent de défendre leurs valeurs. Cela est juste, mais ne doit pas se traduire par un réflexe de fermeture, de séparation, par un réflexe identitaire.

Il y a des influences dont nous aimerions protéger nos enfants, et nous y sommes vigilants. Cependant, le danger de voir nos enfants soumis à de mauvaises influences est plus faible que celui de les soustraire à toute influence différente de la nôtre, de les entourer d'un cordon sanitaire, de les mettre trop vivement en garde contre le monde qui les entoure et dans lequel ils vont vivre.

L'équilibre ici n'est pas évident. L'identité est nécessaire, la crispation identitaire est nuisible.

Notre désir de transmettre des valeurs est légitime et normal : il ne doit pas pour autant se priver d'un certain discernement. Toutes les valeurs auxquelles nous sommes attachés n'ont pas le même degré d'importance. Certaines sont directement liées à notre foi et à l'enseignement évangélique, d'autres ont fortement subi l'influence de notre milieu.

Certaines sont le fruit d'habitudes. Quelques-unes sont le résultat de préjugés.

L'éducation a grandement à gagner quand elle est capable de manifester que tout n'a pas la même importance.

Nous révélerons mieux ce qui fait l'essentiel de la vie si nous ne le noyons pas dans le secondaire, si nous distinguons bien ce qui relève de l'un et de l'autre.

D'un seul coup, Jésus fait monter la rencontre à un niveau qui n'était pas le sien : « Si tu savais le don de Dieu et qui est celui qui te dit : ‹ Donne-moi à boire ›, c'est toi qui l'en aurais prié, et il t'aurait donné de l'eau vive. »

Quelle est l'attente de la Samaritaine ? Sans doute aucune particulière à ce moment à l'égard de Jésus. Elle est venue chercher de l'eau au moment le plus chaud, celui où personne n'est normalement assez fou pour venir au puits. Recherchant la discrétion ou la solitude, elle n'avait donc pas envie de rencontrer quiconque.

Quelle est l'attente de nos enfants quand ils nous parlent, nous questionnent, interrogent leurs frères et sœurs, racontent une anecdote ? Parfois, rien de particulier ne les motive consciemment. Parfois, une gêne difficile à expliquer les conduit, une timidité leur interdit une plus grande clarté.

Un dialogue entamé est une occasion de rebond, une porte ouverte sur autre chose. Bien souvent, ce sont dans des impromptus que les choses les plus importantes sont dites, que les découvertes sont à portée de main.

La première condition est d'être attentif, d'affûter son écoute, de pratiquer la pensée latérale, celle qui consiste à saisir le ton avant le mot, le non-dit avant l'exprimé, la poésie avant la démonstration, de se concentrer sur le regard en même temps que sur l'ouïe.

La seconde condition est de n'être pas trop fatigué, de ne pas avoir le rôti qui brûle à ce moment-là, de pouvoir s'arrêter un moment, de se rendre disponible, même si le matin a été sous le chaud du soleil et la poussière de la route.

Jésus fait une première tentative de déplacement de la préoccupation : « Si tu savais le don Dieu... » Il semble tout d'abord ne pas rencontrer d'écho. La Samaritaine continue au niveau pratique de la discussion : « Tu n'as rien pour puiser... »

Jésus insiste, tout en se rapprochant de ce niveau de préoccupation : « Celui qui boira de l'eau que je lui donnerai n'aura plus jamais soif... »

La première tentative de parler de choses importantes semblant avoir fait long feu, la pédagogie de Jésus se mobilise pour combler la distance qui existe entre son intention et celle de la Samaritaine. Si celle-ci vient au puits au plus chaud de la journée, si elle doit rapporter sa jarre sous le soleil, elle ne peut pas être insensible à cette promesse : si je te donne de l'eau, tu n'auras plus jamais soif.

L'éducation la plus efficace est celle qui s'appuie sur les besoins de nos enfants, celle qui va les rejoindre là où ils sont, dans leurs préoccupations, leurs espoirs, leurs craintes, leurs envies, leurs déceptions.

Même si ceux-ci et celles-ci ne semblent pas de prime abord très importants, très nobles, très valorisants, ils et elles sont le lieu où nos enfants habitent dans le moment présent, le seul endroit où peut avoir lieu la rencontre, le seul endroit où ils sont capables de nous entendre.

L'éducation, comme toute croissance, part du petit et du bas, de la réalité de la vie. Elle ne part pas d'abord de notre idéal et de notre souhait.

Elle consiste à considérer le chemin parcouru avant de mesurer la distance encore à parcourir. Elle aime cette réalité de la vie pour ce qu'elle est, elle la respecte et fonde ses espoirs sur elle.

Si nos enfants ne sont pas capables à certains moments d'entendre ce que nous aimerions qu'ils entendent, concentrons-nous sur ce qu'ils vivent à ces moments-là, et tentons, depuis l'endroit où ils se trouvent, de leur ouvrir une porte, de leur faire monter une marche sans leur dire qu'elle n'est que la première d'une longue volée.

La Samaritaine ne s'y trompe pas et sa réaction est immédiate : « Seigneur, donne-la-moi cette eau, que je n'aie plus soif et que je ne me rende plus ici pour la puiser. »

Réaction intéressée légitime, comme serait légitime que nos enfants trouvent un intérêt concret et immédiat dans les fruits de l'éducation que nous voulons leur donner.

Intérêt qui devient le garant de la solidité de leur écoute et de sa disponibilité. Intérêt qui les conduira à prendre au sérieux ce pour quoi justement ils ont manifesté de l'intérêt. Tout pédagogue le sait : c'est en mobilisant l'intérêt des enfants que l'on obtient d'eux le meilleur.

Notre éducation doit remplir un manque, doit répondre à une question même non formulée, doit découvrir la question non formulée de nos enfants.

Qu'est-ce qui les motive, sur quoi s'interrogent-ils, qu'est-ce qui les fait vibrer, qu'est-ce qui déclenche leur dynamisme ? C'est là que nous les rejoindrons, que nous rencontrerons leur écoute.

Jésus et la Samaritaine. L'un était fatigué, l'autre cherchait la discrétion pour aller puiser son eau. La discussion s'engagea dans des directions différentes. Il suffit alors d'une phrase de Jésus pour que l'échange prenne une autre dimension, s'attache à un autre sens, pour qu'une rencontre vraie soit possible.

Jésus lui dit : « Va, appelle ton mari et viens ici. »

Elle répondit : « Je n'ai pas de mari. »

Fausse naïveté de Jésus qui veut déclencher un moment de vérité, qui va mesurer la disponibilité de la femme pour une vraie rencontre, pour cette vérité. Aurait-elle répondu quelque chose du genre : « Mon mari est en voyage », que la suite du dialogue aurait été impossible.

Notre enfant, au moment où la conversation prend de l'intensité, est-il disposé à cette vérité ?

Se trouve-t-il dans les conditions où quelque chose d'important va être possible ?

Mesurer cette disponibilité, cet état d'esprit, n'est pas inutile, car cela nous permet de savoir si nous pouvons ou pas espérer arriver au cœur de l'acte éducatif.

Jésus reconnaît cet acte de vérité : « Tu as bien dit... »

Et il va immédiatement élargir cette vérité par cette remarque qui va faire de lui un prophète aux yeux de la Samaritaine : « Car tu as eu cinq maris, et maintenant celui que tu as n'est pas ton mari. » Situation conjugale compliquée qui explique sans doute la volonté de discrétion de la Samaritaine qui va chercher de l'eau à l'heure où c'est le plus pénible, à l'heure où elle risque moins de rencontres.

Vérité qui répond à la vérité et l'élargit. L'éducation est essentiellement la rencontre entre deux vérités, un moment de vérité, l'élargissement d'une vérité.

Rencontre de deux vérités.

La femme a accepté sa vérité : « Je n'ai pas de mari. » Jésus l'a provoquée à dire cette vérité qui est en elle et semble la mettre mal à l'aise au point de risquer le feu du soleil pour rencontrer le moins de personnes possible quand elle va puiser son eau.

Vérité de l'enfant que nous allons retrouver là où il se trouve, quel que soit l'endroit où il se trouve, même si cet endroit n'est pas aussi avancé que nous le souhaiterions, même si nous aurions espéré que le chemin parcouru l'aurait fait avancer plus loin.

Vérité des parents qui ne font pas tout le chemin, qui ne forcent pas l'enfant, mais lui donnent l'occasion de bouger, de se mettre en marche.

Vérité des parents qui ne font pas les questions et les réponses, qui gardent une réserve, n'envahissent pas le territoire intérieur de l'enfant.

Jésus n'a pas dit : « Je sais que tu as eu une ribambelle de maris et que tu es une pécheresse parce que l'homme avec lequel tu vis n'est pas ton mari. »

Non, il s'est contenté de donner une occasion à la femme de dire sa vérité, de la voir, de la reconnaître, de marcher volontairement sur le chemin qui va lui être ouvert.

Moment de vérité.

Tout n'est pas possible n'importe quand, car chacun n'est pas disponible au même moment.

Jésus était fatigué ; il s'arrache à cette fatigue pour la rencontre. La femme était dans la routine d'un jour semblable aux autres ; la rencontre lui permet de s'en extraire.

Les parents ont conscience que la disponibilité dans le moment est essentielle dans leur rôle. Un effort, malgré la fatigue, leur est toujours possible même s'il est parfois difficile.

L'enfant n'a pas cette conscience : le temps de l'enfant n'est pas celui des adultes. Peu d'enfants anticipent et peu reviennent consciemment sur le passé : ils sont dans l'instant.

La pédagogie des parents consistera d'abord à rendre possibles ces moments de vérité, à les susciter, à les saisir quand leur possibilité surgit au dépourvu. L'éducation consiste plus à saisir des occasions qu'à bâtir des plans : l'attention et la décontraction des relations feront plus pour susciter ces moments de vérité qu'une hypothétique planifi-cation.

Élargissement de la vérité.

Jésus devient crédible aux yeux de la Samaritaine quand il lui révèle sa situation conjugale, sa vérité.

La Samaritaine a fait le premier pas sur ce chemin de vérité : « Je n'ai pas de mari. » Jésus lui en dit plus sur elle-même.

Les parents ont parmi leurs tâches celle d'aider leurs enfants à découvrir leur propre vérité. L'introspection est rare chez la plupart des enfants. Chez les adolescents, cette introspection s'installe, mais elle est baignée dans l'inquiétude, la rendant assez incertaine. Jeunes, ou plus âgés, nos enfants se connaissent en général mal eux-mêmes.

La découverte de soi est une entreprise essentielle que doit mener tout être qui grandit. Les parents peuvent y aider de plusieurs façons.

Ils peuvent corriger une vision erronée que l'enfant a de lui-même, et c'est particulièrement important quand l'enfant se dévalorise.

Ils peuvent équilibrer la vision que l'entourage (camarades, frères et sœurs) a de l'enfant et lui transmet.

Ils peuvent montrer à l'enfant que la vérité de soi-même n'est pas une réalité stable ou définitive, mais qu'elle évolue, se modifie. La vérité d'un être est une dynamique : c'est la première vérité à faire découvrir.

Élargir la vérité de nos enfants, en repousser les limites parfois trop proches ou bornées. Ouvrir des horizons, provoquer des dynamismes. Leur montrer qu'ils peuvent oser, et d'abord oser être eux-mêmes.

Devant cette vérité qui lui est révélée sur elle-même, la Samaritaine exprime son admiration : « Seigneur, je vois que tu es prophète. »

Jésus pourrait se contenter de cette reconnaissance de ses mérites et de ses qualités, mais, comme toujours, il ne veut pas que le regard de ses interlocuteurs reste sur lui, se limite à lui. Il veut le diriger vers son Père.

« Crois-moi, femme, elle vient, l'heure où ce n'est ni sur cette montagne ni à Jérusalem que vous adorerez le Père… Elle vient, l'heure – et c'est maintenant – où les véritables adorateurs adoreront le Père en esprit et en vérité. »

L'éducateur aide l'enfant à découvrir sa vérité ; il peut en attendre une certaine reconnaissance ; il peut même recevoir les manifestations de cette reconnaissance, mais là n'est pas l'enjeu. Là peut même être le risque.

Nous devons faire comprendre à nos enfants qu'ils ne nous doivent rien. Nous devons absolument bannir les réactions qui s'illustrent par des phrases comme celle-ci : « Avec tout ce que nous avons fait pour toi ! »

Nous devons faire en sorte que les liens qui les unissent à nous soient doux, que le fardeau soit léger afin qu'ils puissent s'envoler, sans qu'un joug de reconnaissance ou de culpabilité les maintienne au sol, les maintienne en notre dépendance.

Ce qui compte dans l'acte éducatif, c'est de donner la liberté à l'enfant. Les parents sont des passeurs, pas des destinations.

Les enfants ne sont pas là pour nous succéder, pour poursuivre ce que nous avons été, mais ils peuvent s'appuyer sur nous pour s'élancer vers de nouveaux horizons.

Nous sommes les marchepieds de nos enfants, pas l'idéal qu'ils doivent atteindre.

La puissance que nous représentons à leurs yeux, pour les rassurer quand ils sont enfants, pour qu'elle soit mise en cause quand ils sont adolescents, est une puissance réelle mais relative. Surtout, elle est intérimaire et utilitaire.

Le dialogue entre Jésus et la Samaritaine est la conversation éducative par excellence. Il se déroule selon des étapes qui sont exemplaires.

La rencontre non préparée d'abord. Les parents n'ont pas besoin d'organiser des «quarts d'heure éducatifs» où ils tenteraient de faire part de leurs observations, de faire accepter des principes, de distribuer des consignes. L'occasion fait autant le larron que l'éducateur. Savoir profiter de l'instant est l'art éducatif le plus abouti et le plus efficace.

La conversation banale ensuite. Tout est bon pour dépasser ce qui serait apparemment trivial afin d'ouvrir la porte vers des réalités plus fondamentales. Notre éducation ne s'incarne pas dans des principes, mais dans la réalité concrète de la vie de nos enfants.

Respecter la progressivité. Ne pas vouloir arriver tout de suite au but : le cheminement de l'enfant n'est pas forcément aussi rapide que le nôtre. Nous savons peut-être assez vite où nous voulons en venir, mais notre avance, si elle se traduit en précipitation, handicapera le dialogue et risquera de le faire tourner court.

Rendre l'enfant acteur. Jésus a provoqué la femme à dire sa vérité, ou du moins une partie de sa vérité. Il lui a donné une occasion de dire «je». Il est important dans nos actes d'éducation qu'il en soit de même, que l'enfant puisse dire ce «je» qui le fait acteur de son développement. Quand l'enfant dit «je», il s'engage dans le dialogue éducatif, il donne le signe qu'il est disponible pour un progrès ou une découverte.

Ouvrir des perspectives. Bien montrer que ce qui est dit est important, mais peut être dépassé, sera élargi à un autre moment en mieux, en plus fécond. Le dialogue avec la Samaritaine a commencé par le besoin naturel d'eau, il s'est continué avec l'expression d'une vérité sur l'existence de la femme. Il s'est poursuivi par l'annonce d'une réalité transcendantale qui ne nie pas les précédentes mais s'appuie sur elles.

« La femme laissa sa cruche et s'en fut en ville. » Elle laissa l'objet qu'elle avait apporté, abandonnant par la même occasion le projet de chercher de l'eau qui l'avait amenée au puits. Elle s'en fut en ville, c'est-à-dire à l'endroit où elle habite, et elle dit aux gens : « Venez voir un homme qui m'a dit tout ce que j'ai fait. Ne serait-ce pas le Christ ? »

Modification du comportement après la rencontre qui a tout changé, retour vers ses origines, vers soi-même, mais d'une autre manière, en étant différente. Témoignage auprès de ses familiers.

Toute rencontre éducative – et elle n'a pas besoin d'être très longue ni très préparée, ni très construite, ni très argumentée – provoque un changement.

Tout dialogue vrai avec nos enfants entraîne un changement, peut-être pas immédiat, mais certain.

Toute l'éducation que nous tentons de leur prodiguer les renvoie vers eux-mêmes, vers ce qui est le plus eux-mêmes, leur nature, leur cœur profond.

Et c'est cette rencontre avec leur cœur profond qui les met en marche, leur donne le goût de marcher, l'envie et le plaisir d'avancer.

Et cette marche les conduit vers d'autres pour porter un témoignage.

La Samaritaine est repartie vers le village et s'est appuyée sur la vérité d'elle révélée dans le dialogue avec Jésus pour inviter ses connaissances à effectuer le même parcours : « Bon nombre de Samaritains crurent en lui à cause de la parole de cette femme qui témoignait. »

Notre œuvre d'éducation sert à nos enfants, mais elle les pousse aussi à porter eux-mêmes une vérité, une attitude, un sentiment, une valeur qu'ils ont découverts en eux.

Évangile de Jean, chapitre 4, versets 1 à 42

Quand Jésus apprit que les pharisiens avaient entendu dire qu'il faisait plus de disciples et en baptisait plus que Jean, bien qu'à vrai dire Jésus lui-même ne baptisât pas, mais ses disciples, il quitta la Judée et s'en retourna en Galilée.

Or, il lui fallait traverser la Samarie. Il arrive donc à une ville de Samarie appelée Sychar, près de la terre que Jacob avait donnée à son fils Joseph. Là se trouvait la source de Jacob.

Jésus, fatigué par la marche, se tenait donc assis tout contre la source. C'était environ la sixième heure.

Une femme de Samarie vient pour puiser de l'eau. Jésus lui dit : « Donne-moi à boire. » Ses disciples en effet s'en étaient allés à la ville pour acheter de quoi manger.

La femme samaritaine lui dit : « Comment ! toi qui es Juif, tu me demandes à boire à moi qui suis une femme samaritaine ? » (Les Juifs en effet n'ont pas de relations avec les Samaritains.)

Jésus lui répondit : « Si tu savais le don de Dieu et qui est celui qui te dit : ‹ Donne-moi à boire ›, c'est toi qui l'aurais prié, et il t'aurait donné de l'eau vive. »

Elle lui dit : « Seigneur, tu n'as rien pour puiser, et le puits est profond. D'où l'as-tu donc, l'eau vive ? Serais-tu plus grand que notre père Jacob, qui nous a donné ce puits et y a bu lui-même, ainsi que ses fils et ses bêtes ? »

Jésus lui répondit : « Quiconque boit de cette eau aura soif à nouveau ; mais qui boira de l'eau que je lui donnerai n'aura plus jamais soif ; l'eau que je lui donnerai deviendra en lui source d'eau jaillissant en vie éternelle. »

La femme lui dit : « Seigneur, donne-moi cette eau, afin que je n'aie plus soif et ne vienne plus ici pour puiser. »

Il lui dit : « Va, appelle ton mari et reviens ici. »

La femme lui répondit : « Je n'ai pas de mari. »

Jésus lui dit : « Tu as bien fait de dire : ‹ Je n'ai pas de mari ›, car tu as eu cinq maris et celui que tu as maintenant n'est pas ton mari ; en cela tu dis vrai. »

La femme lui dit : « Seigneur, je vois que tu es un prophète... Nos pères ont adoré sur cette montagne et vous, vous dites : ‹ C'est à Jérusalem qu'est le lieu où il faut adorer. › »

Jésus lui dit : « Crois-moi, femme, l'heure vient où ce n'est ni sur cette montagne ni à Jérusalem que vous adorerez le Père. Vous, vous adorez ce que vous ne connaissez pas ; nous, nous adorons ce que nous connaissons, car le salut vient des Juifs. Mais l'heure vient, et c'est maintenant, où les véritables adorateurs adoreront le Père en esprit et en vérité, car tels sont les adorateurs que cherche le Père. Dieu est esprit, et ceux qui adorent, c'est en esprit et en vérité qu'ils doivent adorer. »

La femme lui dit : « Je sais que le Messie doit venir, celui qu'on appelle Christ. Quand il viendra, il nous dévoilera tout. »

Jésus lui dit : « C'est moi, celui qui te parle. »

Là-dessus arrivèrent ses disciples, et ils s'étonnaient qu'il parlât à une femme. Pourtant, pas un ne dit : « Que cherches-tu ? » ou : « De quoi lui parles-tu ? »

La femme alors laissa là sa cruche, courut à la ville et dit aux gens : « Venez voir un homme qui m'a dit tout ce que j'ai fait. Ne serait-il pas le Christ ? »

Bon nombre de Samaritains crurent en lui à cause de la parole de cette femme qui témoignait.

LÈVE-TOI!

*L*A PISCINE [1] était vaste, et ses abords étaient pourtant trop étroits pour que chaque malade puisse s'y allonger avec un peu de confort. La piscine avait servi pour laver les animaux destinés aux sacrifices, elle était réputée aussi pour donner la guérison à quelques privilégiés.

Longtemps auparavant, tandis que les Juifs n'habitaient pas encore Jérusalem, les sources alimentaient déjà des bassins et étaient l'objet d'une vénération particulière : Serapis, le dieu médecin, à la fois grec et égyptien, y avait, dit-on, opéré de nombreuses guérisons.

C'était l'époque où les infirmes, les aveugles, les malades de toutes sortes ne pouvaient guère compter que sur la magie pour soulager leurs maux. Ils venaient donc en nombre, vivant d'espoir d'abord, de résignation ensuite, pour finalement suivre une habitude ; où seraient-ils allés puisqu'ils étaient rejetés de l'existence des gens normaux, ceux qui sont en bonne santé ?

Les malades sont là, au bord de la piscine, relégués, isolés dans leur vague espoir. Il y a une barrière entre le bonheur et le malheur, entre la santé et la maladie, et cette barrière est érigée par ceux qui sont heureux et ceux qui sont en bonne santé.

Cette barrière est fille de la crainte et de l'anxiété. Nous avons peur de la maladie de l'autre, de la souffrance de l'autre, de la pauvreté de l'autre. Cette peur est double. Peur qu'il nous arrive la même chose. Peur que ce malheur de l'autre, cette pauvreté de l'autre, cette maladie

---

1. Jean, chapitre 5, versets 1 à 9.

de l'autre nous empêchent de vivre comme nous le voudrions : avec le moins de déplaisir et d'inquiétude possible.

Le malheur des autres dérange notre tranquillité, il nous accable de soucis et de peurs, il nous place en une position de fragilité rapidement insupportable.

Il n'y a pourtant qu'une seule vérité face au mal, à la souffrance : il faudrait que personne ne s'y habitue, ne s'en sente quitte. Il faudrait que le malheureux soit chez lui partout, et qu'il ne soit pas contraint à se tenir là, allongé au bord de la piscine, attendant que le miracle survienne, isolé au milieu de ses semblables, à l'écart de la vie, de la santé, du bonheur, de la prospérité.

En ces temps-là, la maladie était une culpabilité. L'aveugle, disait-on, avait péché pour mériter son infirmité. Et s'il était aveugle de naissance, ce sont ses parents qui avaient fauté eux-mêmes. La maladie venait d'une faute, et la pauvreté aussi. L'homme riche, celui dont les greniers sont remplis, était forcément béni des dieux, béni de Dieu, homme de vertu et de justice.

Notre première réaction aujourd'hui face à la souffrance n'a guère changé : nous nous efforçons de chercher en quoi celui qui souffre pourrait être reconnu un tant soit peu responsable de ce qui lui arrive. Nous relevons tout ce qui aurait pu lui mériter cette souffrance. Nous mobilisons l'argument de la punition de Dieu, nous invoquons la légèreté de sa conduite, l'égoïsme qui était le sien, nous soulignons sa chance passée, trop insolente.

Nous nous sentons souvent coupables quand nos enfants ne vont pas bien. Certes, ce sont moins leurs accidents physiques qui nous font nous interroger sur nous-mêmes que leurs souffrances psychologiques. Et pourtant, telle maladie de naissance, tel handicap découvert au bout de quelques semaines d'existence nous font si mal, nous paraissent si injustes, qu'il faudrait que nous y trouvions un sens dans une responsabilité hypothétique.

Nous vivons la souffrance des autres dans le désir de nous en protéger et celle de nos enfants dans la culpabilité d'y être peut-être pour quelque chose ou, au moins, de ne pas être capables de la soulager.

Un portique flanquait chaque côté du bassin et un cinquième était érigé sur la digue qui séparait le bassin en deux parties. La piscine, nommée Bézatha, était alimentée par des sources. De temps à autre, le trop-plein des bassins de retenue en amont déversait de l'eau dans la piscine ; il se produisait alors un bouillonnement. Tout le monde croyait que si on était le premier à pénétrer dans la piscine au moment de ce bouillonnement, on guérissait, quelle que soit la maladie dont on souffrait.

Il y avait donc une compétition pour profiter de la magie du lieu : il fallait être vigilant, prêt à se ruer, disposé à jouer des coudes, à bousculer peut-être, à être un peu plus fort que le voisin, un peu moins malade que lui, un peu plus déterminé. La maladie ne connaît ni l'égalité ni la justice, elle installe ses hiérarchies sans vergogne, comme dans le monde des bien-portants.

Que faire quand justement la maladie vous empêche de vous lever, vous maintient cloué au sol, là où des amis ou des parents vous ont conduit le matin ? Que faire pour guérir si la guérison est subordonnée à la capacité de se lever vite ?

La perversité de la situation est assez effrayante : cette eau qui bouillonne de manière imprévisible et cette compétition qui s'installe pour être le premier à se jeter à l'eau rajoutent du malheur au malheur, de l'injustice à l'injustice, et transposent dans le monde de l'infirmité les lois du monde de la santé. Voilà des hommes frappés dans leur intégrité à qui ne sont donnés, comme voies de salut, que la concurrence, la rapidité, le chacun-pour-soi aux dépens de l'autre, toutes ces caractéristiques qui s'appliquent justement à ceux qui peuvent y prétendre, ceux qui sont forts et en bonne santé. Cercle vicieux du malheur dans un monde qui impose les règles des forts et des puissants.

« Il y avait là un homme qui souffrait de sa maladie depuis trente-huit ans. » Quelle maladie ? Le rédacteur de l'Évangile ne le précise pas. On sait seulement qu'elle l'empêche de se lever et de se jeter à l'eau. Maladie du corps ? maladie des yeux qui l'empêcherait de voir l'eau se mettre à bouillonner ? difficulté à se mouvoir ? maladie de la volonté peut-être qui l'empêcherait de mobiliser des forces réduites pour tenter de briser l'enfermement ?

Trente-huit ans de maladie qui font penser à un handicap de naissance, faiblesse dès le début de la vie, incapacité alors à imaginer pour soi une autre vie, sans maladie, sans malheur. Que peut faire celui qui est ainsi frappé, sinon de tenter de s'installer dans son infirmité ? Que faire quand on s'est longtemps battu ? Que faire quand on est né ainsi, incapable, si jeune, de se battre ?

À cet homme « étendu et dans cet état depuis longtemps déjà », Jésus pose une question saugrenue : « Veux-tu recouvrer la santé ? »

Question que l'on pourrait paraphraser de mille façons. Es-tu satisfait de ton sort ? Es-tu heureux d'être malade ? As-tu envie de changer de vie ?

Question choquante adressée au malheur évident, question qui semble nier l'évidence de la douleur, question à première vue inutile. Question posée pourtant par Jésus où les mots sont pesés avec soin. Ces trois mots : veux-tu, recouvrer, santé.

• « Veux-tu ? » d'abord. As-tu cette volonté ? Quel est réellement ton désir ? Tu n'as pas fait le choix d'être malade, tu es habitué à ta maladie, fais-tu le choix de la quitter ?

Il arrive que certains enfants en difficulté s'installent dans ces difficultés, y trouvent comme un refuge, de peur d'affronter une vie inconnue, une vie à risques. On sait que la dépression, si elle fait mal, apporte aussi quelques bénéfices secondaires, permet le repli sur soi.

On sait aussi que les soins psychologiques permettent de travailler sur les sources du déséquilibre, mais qu'à un moment l'enfant et l'adulte dépressifs ont rendez-vous avec un choix, un acte de volonté : « Est-ce que maintenant je suis prêt à vivre malgré ma faiblesse, malgré mon malheur, malgré le traumatisme qui m'a rendu infirme ? »

Nous ne pouvons pas guérir nos enfants alors que toutes nos forces sont mobilisées pour y parvenir. Nous pouvons être là, nous pouvons soulager peut-être, nous pouvons chercher les soins compétents, mais nous n'avons pas le pouvoir de guérir, de convoquer le miracle, de décider du jour et de l'heure.

Les parents ont été tout-puissants à un seul moment, celui où ils ont donné la vie, et encore savent-ils que la vie n'est pas venue forcément au moment où ils l'avaient convoquée. Cette puissance de l'instant de la procréation est une merveille difficilement concevable, mais cet instant est unique : jamais plus les parents ne disposeront de cette puissance sur la vie de leurs enfants.

Il y a un long et douloureux apprentissage pour les parents avant qu'ils reconnaissent et admettent et jugent juste ce fait incontournable : ils ont perdu cette toute-puissance qui a présidé à l'événement qui les a rendus parents.

Cet apprentissage est encore plus douloureux quand il se fait à travers la souffrance de leurs enfants, tant il est vrai que la découverte d'une désobéissance à un interdit de la part d'un enfant est bien peu de chose à côté de la découverte que, malgré tous nos efforts, nous sommes incapables de guérir notre enfant, de le soulager.

« Veux-tu guérir ? » Veux-tu grandir ? Veux-tu, malgré ton infirmité, vivre ? Rien n'est possible sans cette volonté de dépasser la situation, le handicap. Rien n'est possible sans le choix de ne pas être réduit à cette maladie, à cette dépression, à cette souffrance.

Volonté qui met du temps parfois à se découvrir et à s'affermir. Volonté fragile ou déterminée selon les tempéraments, mais volonté nécessaire fondée sur la liberté inaliénable de chacun, si faible et démuni soit-il.

• « Recouvrer », ensuite. C'est-à-dire « rentrer en possession ». Le mot n'est pas insignifiant : il s'agit de retrouver ce qui a été indûment enlevé, ce qui n'a pas pu être obtenu alors qu'on y avait droit.

La souffrance n'est pas normale, pas plus que le malheur, la maladie. Nous ne sommes pas faits pour cela.

La souffrance de l'homme est ennemie de Dieu, et l'homme qui consent à la douleur d'un autre homme n'est pas fidèle à Dieu. Il n'y a pas de bonne souffrance pour l'homme, il n'y a pas de bonne souffrance pour Dieu.

L'homme souffre. Le Fils de Dieu s'est fait homme et donc être souffrant. Ne rusant pas avec la condition d'homme, il a connu la souffrance et ne l'a pas aimée : « Mon Père, si c'est possible, que passe loin de moi cette coupe [2]. »

Veux-tu recouvrer ce qui t'est dû ? Tu n'es pas indigne, tu n'es pas coupable, tu n'es pas réduit à cela. Il y a une autre vie qui t'était destinée. La veux-tu ?

Il peut arriver dans notre vie de parents que nous ayons à dire des paroles semblables à nos enfants. Tu n'es pas dans la vie qui t'est destinée quand tu restes dans la dépendance d'un alcool ou d'une drogue, quand tu es enfermé dans l'isolement de la dépression. Nous comprenons que

---

2. Matthieu, chapitre 26, verset 39.

tu puisses y être arrivé, nous comprenons que tu puisses y trouver un refuge, mais ce ne peut être qu'un refuge provisoire. La vie qui t'attend est différente de celle-là. Veux-tu le croire ? Veux-tu la retrouver ?

• « La santé », enfin. Le troisième mot de la question de Jésus. Ce pourrait être le bonheur, le dynamisme, la confiance, le calme intérieur, l'enthousiasme, le respect de soi. Ce qui est bon pour l'homme et pour l'enfant, ce qui est porteur de vie, ce qui ouvre des portes alors qu'elles étaient fermées, ce qui fait qu'un pas est possible alors que l'on se croyait incapable d'avancer. La vie contre la mort, la vie malgré la mort.

« Veux-tu recouvrer la santé ? » Finalement, veux-tu ressusciter ? Tu étais mort et tu peux avoir la vie, la retrouver. Écho saisissant, et bouleversant pour des parents, donné à la phrase du père de l'enfant prodigue quand il s'adresse au second fils : « Ton frère que voilà était mort, et il a repris vie[3]. »

Nous avons tous des tentations sinon de mort, en tout cas de moins de vie. Des tentations d'enfermement, de repli, de rétrécissement. Nos enfants peuvent courir de tels risques. Il nous appartient d'être vigilants devant ces risques et ces tentations. Il nous appartient de nous interroger nous-mêmes sur notre dynamisme intérieur, sur le choix que nous faisons de la vie plutôt que de la mort, de l'ouverture plutôt que de la fermeture, du risque plutôt que de la tranquillité qui empêche les mouvements de l'âme.

Jésus a posé sa question, et la réponse arrive, grosse du malheur de l'homme, révélatrice de son désarroi, illustrant l'enfermement dans lequel il est contraint depuis si longtemps. « Seigneur, je n'ai personne pour me jeter dans la piscine quand l'eau vient à s'agiter, et pendant que j'y vais, un autre descend avant moi. »

---

3. Luc, chapitre 15, verset 32.

La réponse est lucide, et l'homme parfaitement conscient de la situation dans laquelle il est enfermé. Il se trouve face à une impossibilité, il s'y est habitué, il n'a pas l'aide qui rendrait imaginable la possibilité d'être le premier dans l'eau au moment où celle-ci s'agite.

Résignation devant l'inévitable, le trop de fois répété. Lucidité désespérée, désespoir sans doute torturant au début, plus froid maintenant qu'il s'est mué en habitude. Personne ne m'aide, et moi, je ne suis pas capable, seul.

Les parents aident leurs enfants, souvent de toutes leurs forces, parfois au-delà de leurs forces. Cette aide est à double tranchant. Elle est parfois nécessaire et parfois nocive. Nécessaire fréquemment, nocive plus souvent qu'on ne l'imagine.

Nocive quand elle aboutit à ce que l'enfant ne se prenne pas en charge ou ne se prenne plus en charge, quand c'est notre volonté de sa guérison qui étouffe sa propre volonté de guérir, quand nous ne le mettons pas en situation de vouloir guérir.

La sollicitude des parents n'a jamais à disparaître, mais elle a parfois à se taire. Il arrive des moments où le choix de la vie, où le choix de la guérison, où le choix de l'ouverture ne nous appartient plus. Il arrive des moments où nous ne pouvons plus rien faire.

Il faut que l'enfant puise en lui les forces qui lui appartiennent et qu'il n'imagine pas posséder. Cela peut prendre du temps, parfois un temps très long. C'est parfois à la limite du supportable pour les parents qui voudraient intervenir une fois de plus, tenter une nouvelle protection, inventer une nouvelle solution. Tout cela n'empêche qu'à un moment nous ne pouvons plus rien faire sinon imiter Marie qui « gardait avec soin toutes ces choses, les repassant dans son cœur[4] », et qui, plus tard, se trouvera, présence silencieuse, au pied de la croix[5].

---

4. Luc, chapitre 2, verset 19.
5. Jean, chapitre 19, verset 25.

Les parents doivent parfois se contraindre à cette présence silencieuse à côté de la souffrance de leurs enfants.

Jésus n'a pas un mot de commisération. Il se contente de cette parole : « Lève-toi ! Emporte ton grabat et marche. »

Il ne s'agit plus du calcul pour savoir si l'eau va se mettre à s'agiter, ni du regret que personne ne vienne se charger du malade pour le jeter dans la piscine avant les autres.

« Lève-toi ! » qui signifie : agis toi-même, n'attends plus des autres ou de la magie ce qu'ils n'ont pas su te donner, renonce à tout ce qui a échoué et auquel cependant tu t'accroches, pour trouver en toi ce qui te permet de changer, de vivre, de marcher.

« Lève-toi ! » qui signifie : change de perspective, tourne ton regard ailleurs, convertis-toi, c'est-à-dire bouge, fais un retour sur toi-même, transforme-toi.

Nous sommes amenés parfois à dire les mêmes paroles à nos enfants : bouge, explore, va à la rencontre des autres, voyage, sors de ta timidité, ne te réfugie pas derrière nous, apprends autre chose, va chercher d'autres influences que la nôtre. Relève-toi, même si la chute a été rude, analyse tes échecs, mais ne te laisse pas fasciner par eux, imagine d'autres voies quand tu constates que tu te heurtes toujours au même mur.

L'invitation résonne comme une instruction : « Lève-toi ! » et non pas : « Tu peux te lever… » Ordre plutôt que suggestion, comme si, à certains moments, dans les situations particulièrement bloquées, seul l'ordre a des chances de se faire entendre, de déclencher le mouvement.

Nous pouvons conseiller nos enfants dans le respect de leur liberté et de leur cheminement. La culture moderne nous invite particulièrement à ce respect, et la psychologie nous montre l'importance de la découverte patiente de sa personnalité par chaque enfant.

Mais il est aussi des moments, pas très nombreux sans doute, où notre responsabilité nous conduit à interpeller nos enfants, où nous devons donner de la vigueur à ce que nous leur disons.

Jésus sait ce qu'il y a au fond de l'homme étendu devant lui, et sa puissance divine lui permet d'ordonner ce qui va devenir possible : « Lève-toi ! » dit-il, et « aussitôt l'homme se leva ».

Nous ne disposons pas de cette capacité de rendre possible ce qui est impossible, et nous ne pouvons jouer d'une puissance qui n'est pas à notre disposition. Nous devons donc faire preuve de discernement quand nous envisageons cette interpellation de nos enfants. Est-ce le bon moment ? Est-il capable d'entendre maintenant notre appel ? La vigueur qui l'accompagne est-elle employée pour l'aider ou simplement pour défouler notre sentiment d'impuissance et notre lassitude ?

« Lève-toi ! » donc, et Jésus ajoute : « Emporte ton grabat et marche. » Certains psychologues chrétiens, et notamment Simone Pacot dans son livre *L'évangélisation des profondeurs,* discernent une symbolique particulière dans cet « emporte ton grabat ».

Le grabat est cette couche pas très confortable, paillasse misérable sur laquelle le malade est couché au bord de la piscine. D'une certaine façon, le grabat symbolise notre passé, nos difficultés, nos souffrances, nos traumatismes et blessures. Se lever en emportant son grabat, c'est comprendre que jamais nous ne pourrons nous débarrasser de cette histoire, de notre histoire. Il serait vain assurément d'entretenir un tel désir, car nous attendrions longtemps pour nous lever si nous pensions ne pouvoir le faire qu'à la condition de laisser là cette histoire pénible et peut-être pas très reluisante.

Guérir n'est pas effacer ni oublier, c'est se lever malgré le handicap, c'est ne plus lui laisser le dernier mot. C'est en garder les traces tout en les rendant plus acceptables, moins pénalisantes.

Tout homme qui se met debout se lève avec son histoire. Il la prend en charge, l'assume, la reconnaît pour sienne, mais il ne lui laisse pas le dernier mot.

Certains de nos enfants ont eu à subir une histoire particulièrement difficile qui a pu les conduire au désespoir ou vers la recherche de l'oubli tant cette histoire les faisait souffrir.

Ils ne peuvent attendre de miracles, ne peuvent continuer très longtemps à surveiller si l'eau va s'agiter et se lamenter de n'avoir pu être les premiers à se jeter dans le bouillonnement salvateur.

Attendre de guérir pour se mettre debout est bien souvent une illusion tant nous savons que c'est se mettre debout qui permet la guérison. Peut-être avons-nous été amenés, serons-nous amenés, à faire comprendre cela à l'un ou l'autre de nos enfants. Cela sera, à n'en pas douter, à la suite de dures souffrances pour lui ou pour elle, au prix de dures souffrances pour nous.

Que le Christ aide les parents qui, à leur enfant infirme ou désespéré, auront à dire un jour dans l'amour et la confiance : « Lève-toi ! Emporte ton histoire, ton malheur et ta souffrance avec toi, et maintenant, marche ! »

Évangile de Jean, chapitre 5, versets 1 à 9

Après cela, il y avait une fête de Juifs, et Jésus monta à Jérusalem. Or, il est à Jérusalem, près de la porte des Brebis, une piscine appelée en hébreu Bézatha, qui a cinq portiques. Sous ceux-ci gisaient une multitude de malades, d'aveugles, de boiteux, de perclus qui attendaient le bouillonnement de l'eau.

Il y avait là un homme qui souffrait de sa maladie depuis trente-huit ans.

Jésus, le voyant étendu, et connaissant qu'il était dans cet état depuis longtemps déjà, lui dit : « Veux-tu recouvrer la santé ? »

Le malade lui répondit : « Seigneur, je n'ai personne pour me jeter dans la piscine quand l'eau vient à s'agiter, et pendant que moi j'y vais, un autre descend avant moi. »

Jésus lui dit : « Lève-toi ! Emporte ton grabat et marche. »

Et aussitôt l'homme recouvra la santé ; et il emporta son grabat, et il marchait.

TU TE SOUCIES ET T'AGITES…

ENDANT TRENTE ANNÉES, la vie sédentaire, le calme, la prépara-tion, le choix de l'obscurité des jours qui se ressemblent, et puis trois ans sur les routes. Jésus a connu ce que vivent tous les hommes et toutes les femmes : les temps de préparation, les temps de réalisation.

Trente années à Nazareth pour apprendre, se constituer dans la sta-bilité d'une vie sans aventures particulières, puis la réponse à un appel, la mise en marche, les guérisons, la bonne nouvelle à annoncer, et cette lente montée à travers le pays (la Judée, la Galilée, la Samarie) vers Jérusalem où tout, un jour, s'accomplit : mort et résurrection.

La stabilité de ces trente années sans doute fut nécessaire, comme l'est la stabilité que nous offrons à nos enfants au sein de notre foyer. Stabilité essentielle, même longue si nécessaire, pour qu'ils découvrent leurs équilibres intérieurs, approchent leur mystère personnel, envi-sagent les chemins qu'ils voudront parcourir.

La stabilité des années d'enfance pour que l'adolescence puisse se vivre avec le moins d'angoisse possible.

La stabilité de notre humeur et la présence stable de notre foyer quand l'instabilité de l'adolescence semble devoir l'emporter.

La stabilité de notre affection quand le jeune homme et la jeune fille se sont éloignés.

Nos enfants doivent partir, et parfois nous devons les y aider, mais ils partiront d'autant mieux qu'ils auront bénéficié de cette stabilité que la famille peut leur offrir de la manière la plus favorable.

Jésus, après trente ans de vie cachée, s'est mis en route pour ne plus cesser de marcher, porté par l'amour qui l'unit à son Père et aux enfants de la terre.

Un jour, comme d'autres, fatigué peut-être, il voulut faire halte.

« Comme ils faisaient route, il entra dans un village, et une femme du nom de Marthe le reçut dans sa maison[1]. »

L'Évangile de Jean[2] nous apprend que cette Marthe et sa sœur Marie, et leur frère Lazare, étaient des amis de Jésus, même s'ils ne sont pas nommés comme ses disciples qui le suivent jour après jour.

Halte de Jésus chez des amis, halte chez nous ? Espace que nous lui offrons, temps que nous lui consacrons.

L'accueil que nous offrons au Christ dans nos foyers ne va pas de soi. Autant il est facile d'organiser de courts temps de prière avec nos jeunes enfants qui regardent, émerveillés, la bougie allumée devant la crèche, autant la pudeur de nos adolescents nous pousse à abandonner ce rituel qui les malmène.

Autant notre engagement chrétien ne les dérange pas de longues années, autant se fait-il lourd et risque-t-il d'être l'occasion d'un rejet ou le prétexte à ce rejet quand nous mettre en cause est devenu pour eux une nécessité.

Notre sourire attendri devant le très jeune qui récite avec application son Notre-Père cède parfois la place à la déception et à la souffrance quand notre foi est l'enjeu du conflit inévitable qui prépare l'autonomie de jugement de cet enfant devenu grand.

La place que nous offrons visiblement au Fils de Dieu dans notre foyer n'est pas simple à définir. Elle peut être très organisée et définie, devenue rite chaleureux accepté et même attendu par tous.

---

1. Luc, chapitre 10, versets 38 à 42.
2. Jean, chapitre 11, verset 5.

Vient un temps, cependant, où elle est contrainte à plus de discrétion par respect pour les tempéraments et les évolutions des uns et des autres. Notre foi, nos convictions n'en sont pas pour autant masquées, mais elles ne peuvent s'exprimer avec la même spontanéité qu'auparavant.

Il ne s'agit pas seulement d'éducation, mais aussi de notre propre chemin spirituel qui suit, lui aussi, des parcours inégaux. Nous connaissons des moments de doute et des moments de grâce, des moments qui sont de silence et d'autres qui se voudraient de témoignage.

Nous sommes frappés un jour par une parole d'Évangile et nous voudrions changer peut-être une manière de vivre, mais nous ne sommes pas seuls : notre mouvement intérieur ne rencontre pas l'adhésion des autres membres de notre famille.

La vie spirituelle n'est pas facile, car elle ne se conduit pas de façon linéaire, car elle nous emmène dans des lieux d'obscurité et de sécheresse et, soudain, nous surprend par une lumière inattendue.

Encore plus difficile est-elle quand elle se trouve confrontée à celle de nos proches, conjoint et enfants, et qu'elle doit composer avec leurs propres rythmes, leurs obscurités et leurs lumières.

Accueillir Dieu en nous, vouloir nous laisser transformer progressivement par sa Parole, sont des entreprises ardues auxquelles s'opposent nos résistances. Elles deviennent douloureuses quand nos résistances ne sont pas les seules à s'opposer au désir de notre cœur profond, quand s'y ajoutent les réticences et les incompréhensions de notre famille.

Jésus est entré dans un village et Marthe le reçut dans sa maison. Marthe ne vivait pas seule : elle avait une sœur nommée Marie qui partageait le même toit.

Deux sœurs identifiées, et immédiatement les différences de tempérament, les personnalités s'expriment et vont se heurter. Jésus était ami avec toutes les deux, chacune était différente.

« Marie, s'étant assise aux pieds du Seigneur, écoutait sa parole. Marthe, elle, était absorbée dans les multiples soins du service. »

Différences de tempérament, différences de choix de vie, différences de réaction, différences de rythme, de niveau scolaire, d'ambition, de générosité, de dynamisme.

Nos enfants sont des êtres différents les uns des autres par leur propre nature d'abord, leur atavisme, et parfois par choix pour se différencier, pour trouver une existence propre, pour être eux-mêmes, même si c'est par réaction au modèle de l'aîné.

Y a-t-il de la place pour tout le monde chez nous, pour des Marie qui écoutent et des Marthe qui s'absorbent dans l'activité ?

Y a-t-il suffisamment de recul de notre part à l'égard de celui qui est le plus conforme instinctivement à nos attentes pour que les autres, qui ne peuvent ou ne veulent entrer dans ce modèle, sentent que leur chemin retient tout autant notre attention et rencontre tout autant notre approbation ?

La prise en compte aimante de la différence qui existe entre nos enfants est souvent difficile. S'y opposent en effet deux facteurs.

D'abord un facteur pratique : une famille nombreuse laisse peu de loisirs, une fois les tâches matérielles effectuées (celles dans lesquelles s'absorbe Marthe), et nous avons tendance à faire fonctionner la famille comme un tout, sans prendre garde aux spécificités de chacun.

Ensuite un facteur affectif : nous avons un projet plus ou moins conscient sur nos enfants. Certains d'entre eux s'y coulent naturellement, soit par facilité, soit parce que leur propre personnalité est en harmonie avec ce projet. D'autres s'y refusent, soit par désir de s'opposer, soit parce que leur tempérament, pour quelques raisons mystérieuses, ne s'y reconnaît pas.

Face à ces enfants, nous devons faire un certain deuil de notre préférence, creuser plus profondément dans notre amour de parents pour apprendre à comprendre les raisons d'un autre choix, faire la différence entre ces choix (que nous pouvons juger erronés) et celui qui les porte au moment donné. Notre inquiétude, qui est souvent mauvaise conseillère, ne nous facilite pas cette ascèse.

Pendant de longues années, un enfant est en quête d'approbation et de reconnaissance. Les premiers à pouvoir les lui offrir sont ses parents. Si elles lui manquent, son développement est contrarié et atteint par un sentiment d'insécurité qui peut être proche de l'angoisse insupportable.

Puis, cette quête d'approbation et de reconnaissance prend des voies diverses. Le regard des proches, des camarades devient plus important que celui des parents, et c'est le signe qu'une première étape de la découverte de soi a bien été effectuée.

Pour autant, cette modification de l'attente n'est pas totale. Si la demande explicite d'approbation de la part des parents n'existe plus, le besoin implicite est encore présent : l'encouragement discret, une preuve d'admiration sobre, sans paraître y attacher d'importance, constituera un précieux viatique que l'enfant n'aurait pas osé réclamer.

Marthe est occupée à bien faire, à tout préparer pour faire honneur à l'invité, à traduire l'amitié et le respect qu'elles lui vouent en actes concrets de service.

Le dévouement est intense au point de sembler submerger sa bonne volonté et le plaisir qu'elle pourrait y prendre.

Cette sensation est surtout connue des mères de famille qui veulent, par amour, offrir le mieux à leur foyer.

À certains moments, parce qu'elles ont trop voulu faire ou parce qu'elles ont l'impression que leur dévouement renouvelé est devenu un fait acquis sur lequel personne ne s'attarde plus et qui ne donne plus lieu au moindre signe de reconnaissance, elles vivent ce mouvement de révolte et de colère, fruits de la fatigue.

« Intervenant, elle dit : ‹ Seigneur, cela ne te fait rien que ma sœur m'ait laissée seule à faire le service ! Dis-lui donc de m'aider. › »

Le mouvement d'humeur de Marthe est saisissant, car il s'adresse à Jésus plutôt qu'à sa sœur. Il nous renseigne sur la manière dont, très souvent, nous fonctionnons en famille.

Le grief d'origine est dirigé vers Marie qui ne l'aide pas.

Le second grief est dirigé vers Jésus qui accapare Marie et l'empêche de venir offrir son aide.

Le troisième grief, non exprimé, est dirigé contre elle-même qui ne peut profiter de ce que dit Jésus puisqu'elle a choisi d'assumer la tâche matérielle qu'elle estimait nécessaire du fait de la venue de Jésus.

Si Marthe avait été sûre de la justesse de son choix, elle se serait sans doute adressée à Marie directement avec plus de calme, lui demandant une aide pratique, précise, comme nous pouvons le faire quand nous demandons de manière sereine à un enfant de laver la salade.

L'expression de Marthe va dans une autre direction, de la même manière qu'il nous arrive d'interpeller notre conjoint de la façon suivante : « Tu ne pourrais pas dire aux enfants de faire moins de bruit ! » Sous-entendu : « … au lieu de lire ton journal pendant que je prépare le repas ! »

Ce que dit Marthe à Jésus, derrière les mots qu'elle emploie, est clair : « Tu ne me défends pas, tu ne prends pas soin de moi, tu ne fais pas attention à ce dont j'ai besoin, moi. »

118

Nos énervements familiaux viennent très souvent de la même double frustration : le choix que nous avons fait ne nous satisfait pas pleinement, la faiblesse que nous ressentons (fatigue, hésitation, regret...) n'est pas prise en compte. Cette double frustration est à analyser.

• *Première frustration :* nos difficultés ne sont pas prises en compte, et notre fatigue, notre faiblesse. Ce sont souvent nos enfants qui peuvent être à l'origine de ces fatigues, mais il nous arrive de ne pas oser les interpeller à ce propos et de tourner notre revendication vers notre conjoint.

Ce déplacement est caractéristique, car il manifeste que nous n'osons pas toujours mettre en cause nos enfants, et que ce refus, ne nous permettant pas d'exprimer notre fatigue ou notre énervement, nous pousse à prendre notre conjoint à témoin de notre exaspération, l'impliquant dans une situation dans laquelle il n'a pas directement de responsabilité.

Ces mouvements d'humeur et cette mise en cause de l'autre prouvent que, si les enfants sont une source de joie pour un couple, il serait stupide de nier qu'ils sont aussi une source de tensions ou de conflits entre les parents. Les enfants, par moment, dévorent le couple et le mettent sinon en danger, du moins en état de faiblesse.

Cette tension et ces conflits peuvent venir de la fatigue, d'une opinion divergente sur une situation ou un choix à effectuer, d'une différence de perception ou de tempérament. Ils peuvent aussi surgir de manière plus permanente, l'évolution de chaque conjoint ne se faisant pas au même rythme, les choix fondamentaux pouvant être pendant un temps en rupture de phase.

Les parents ont à se protéger de leurs enfants autant qu'ils ont à protéger ceux-ci.

Ils doivent admettre que leurs enfants sont capables de les mettre à mal et qu'il est dangereux de nier cette réalité. Ils doivent savoir laisser par moments leurs enfants à la porte de leur vie de couple, refuser qu'ils soient les sujets exclusifs ou trop dominants de leurs préoccupations et de leurs conversations.

Comme la menace que constituent les enfants pour le couple s'oppose à l'image idéale associée à la paternité et à la maternité, elle est souvent masquée, enfouie loin dans l'inconscient, niée parfois de manière résolue.

Dans les familles chrétiennes où le dévouement est une valeur première (comme celui de Marthe), le risque de nier que les enfants sont parfois une menace contre l'équilibre du couple est encore plus fort, situation strictement identique à celle de « Marthe, absorbée dans les multiples soins du service ».

• *Seconde frustration :* « Que votre oui soit oui, votre non, non[3]. » Nous avons du mal à faire des choix « pleins », c'est-à-dire des choix que nous habitons complètement, des choix que nous décidons d'habiter complètement, des choix qui viennent de notre cœur profond, qui sont en harmonie avec nous-mêmes.

Nous savons bien que certaines choses doivent être absolument accomplies, mais si nous ne pouvons pas transformer ces « devoirs » en choix personnels, assumés, voulus, leur réalisation s'accompagnera de frustration, de regret, d'exaspération.

Il en est de même pour nos enfants : notre tâche d'éducateur consistera pour une bonne part à aider nos enfants à découvrir ce à quoi ils tiennent vraiment, ce qui est le cœur de leur désir profond et vrai, et non l'imitation des modèles ambiants : modèle d'une société, modèle d'une famille, modèle des parents, d'un frère ou d'une sœur plus âgés.

La lente découverte de ce qu'ils veulent, de ce à quoi ils tiennent, est au cœur de l'acte de croissance. Cela va au-delà de la « vocation », bien

---

3. Matthieu, chapitre 5, verset 37.

au-delà. C'est plutôt une marche vers l'adéquation entre le monde et l'intimité de l'être profond.

Pour quoi suis-je fait? Qu'est-ce qui est de nature à vraiment me satisfaire? Dans mes envies, qu'est-ce qui vient de l'habitude, de l'influence, d'un traumatisme peut-être? Qu'est-ce qui vient d'une connaissance approfondie de moi, de moments de légèreté qui indiquent une vérité?

L'attention que nécessite une telle prise en compte de soi est équivalente à l'attention que cette prise en compte réclame des parents pour chacun de leurs enfants: qui est-il? qui est-elle? Quelle est la part de notre désir propre en lui, quelle est la part de son individualité profonde, cette trace de Dieu déposée en lui de tout temps?

Cette attention peut se manifester de plusieurs manières: l'écoute du dit et du non-dit de l'enfant, l'observation des causes de ses joies ou de ses colères, l'acceptation et même la recherche de confrontation à d'autres expériences que celles que nous pouvons lui offrir pour lui donner l'occasion de plus d'ouverture, pour lui permettre d'envisager d'autres horizons.

La famille peut être un refuge, mais elle ne doit pas être une forteresse assiégée. Le monde est dangereux peut-être, mais il n'est pas que cela. Il est aussi le lieu des possibles et des merveilles, le lieu où s'est incarné notre Dieu, le lieu travaillé par l'Esprit du Père, le lieu où l'Évangile s'incarne.

Marthe aimerait que Marie soit avec elle à s'occuper des multiples soins du service alors qu'elle la laisse seule. Elle ne doute pas que cet égoïsme apparent devrait être corrigé par Jésus, le Seigneur.

La réponse de celui-ci doit être amère à ses oreilles: « Marthe, Marthe, tu te soucies et tu t'agites pour beaucoup de choses; pourtant il en faut peu, une seule même. »

« Tu te soucies et tu t'agites. » Combien de fois les parents se posent cette question ! Est-ce que nous nous soucions trop ou pas assez ? Est-ce que nous nous agitons assez ou trop ? Faisons-nous bien ? Faisons-nous assez ? Faisons-nous comme il faut ?

La réponse de Jésus prend en compte la situation de Marthe, la nôtre, reconnaît notre inquiétude et notre souci, et nous invite à les dépasser : « Il faut peu de choses, une seule même. »

De même qu'il y a plusieurs commandements et qu'un seul ou deux leur donnent leur cohérence [4], de même beaucoup de « choses » sont importantes, mais « il en faut finalement peu, une seule même ». Quelle est cette chose que Jésus ne nomme pas à ce moment ?

Marthe est en train de préparer la nourriture ; Marie est en train d'écouter la parole de Jésus. L'Évangile de Jean [5] répond à la question de savoir quelle est la chose plus importante que la nourriture que Marthe est en train d'élaborer : « Jésus leur dit : ‹ Mon aliment, c'est de faire la volonté de celui qui m'a envoyé et d'accomplir son œuvre. › »

Jésus a mangé ; les nombreux repas relatés dans l'Évangile l'attestent. Il a dormi. Il a appris un métier. Il a obéi à ses parents [6]. Il leur a échappé pour rester au temple et rencontrer son destin [7]. Il a eu des amis. Il a connu les émotions [8].

Il a été enfant puis homme qui a eu besoin de toutes ces « choses » dont nous avons tous besoin, les a connues comme nous les connaissons.

Dieu incarné dans ces « choses » d'homme, il n'a manifesté ni recul ni dégoût pour elles, il les a habitées.

---

4. Matthieu, chapitre 22, verset 40.

5. Jean, chapitre 4, verset 34.

6. Luc, chapitre 2, verset 51.

7. Luc, chapitre 2, versets 41 à 50.

8. Jean, chapitre 11, verset 33.

Mais, cependant, au-delà de cette nourriture d'homme, de ce sommeil d'homme, de ces amitiés avec les hommes et les femmes de son entourage, de cette obéissance d'enfant à ses parents, de cette autonomie qu'il revendique, de ces émotions, il y a plus, il y a une « chose » plus importante, « une seule même », tant elle explique les autres, les subordonne, leur donne un sens, une justification, un but : « Faire la volonté de celui qui m'a envoyé et accomplir son œuvre. »

De même que nous avons à découvrir chaque jour un peu plus que notre bonheur est dans la volonté aimante du Père sur nous, de même nous pouvons croire que le bonheur de nos enfants ne sera pas le fruit du hasard ou de la chance, mais la découverte de ce que Dieu a imaginé pour eux.

Si nous sommes capables d'aimer dire cette prière : « Que ta volonté soit faite », certains que cette volonté est le meilleur de ce que peut espérer l'homme, alors nous serons capables de transmettre à nos enfants la même vérité : leur destin d'homme ne s'accomplit pas dans le désordre d'un univers sans direction, il se construit, pour leur bonheur, dans l'amour de Dieu, leur Père du ciel pour eux, dans un appel, une vocation, que Dieu leur adresse.

Cette volonté de Dieu, source et instrument de notre bonheur et de celui de nos enfants, n'est pas si obscure que nous pourrions le croire.

Elle n'est pas si redoutable qu'une éducation religieuse ancienne pourrait avoir tenté de le faire admettre.

Elle s'exprime dans une intention (l'amour personnel du Père pour chacun de ses enfants), et elle se décrit dans des valeurs qui sont rassemblées dans l'Évangile.

Être parents chrétiens n'est pas seulement croire à l'existence de Dieu, mais croire très précisément que le bonheur de leurs enfants s'appuie sur les valeurs évangéliques, que dans cette parole de Dieu se trouvent les mots du bonheur et de la réussite d'une vie.

Notre action de parents peut se confronter à ces valeurs évangéliques. Le bonheur de nos enfants dépend, pensons-nous, de la découverte qu'ils feront de la justesse de ces valeurs.

Évangile de Luc, chapitre 10, versets 38 à 42

Comme ils faisaient route, il entra dans un village, et une femme du nom de Marthe le reçut dans sa maison. Et celle-ci avait une sœur appelée Marie qui, s'étant assise aux pieds du Seigneur, écoutait sa parole.

Marthe, elle, était absorbée par les multiples soins du service.

Intervenant, elle dit : « Seigneur, cela ne te fait rien que ma sœur m'ait laissée seule à faire le service ! Dis-lui donc de m'aider. »

Mais, répondant, le Seigneur lui dit : « Marthe, Marthe, tu te soucies et t'agites pour beaucoup de choses ; pourtant il en faut peu, une seule même. C'est Marie qui a choisi la bonne part : elle ne lui sera pas enlevée. »

TOUTE TENTATION...

*L*E CIEL S'ÉTAIT OUVERT, et l'Esprit Saint était descendu sur l'homme en prière que Jean venait de baptiser dans le Jourdain. Une voix vint du ciel : « C'est toi, mon Fils, le Bien-aimé, tu as toute ma faveur. »

Confirmation par le Père de son amour, voix entendue par ceux qui se trouvaient là, voix que chacun de nous peut entendre aujourd'hui et tenir pour véridique.

L'Esprit Saint était descendu sous forme d'une colombe et Jésus, « rempli de cet Esprit, s'en retourna du Jourdain, et il était mené par l'Esprit à travers le désert[1] ».

Quarante jours au désert, où les artifices disparaissent petit à petit, où l'essentiel surgit inévitablement puisque les distractions n'ont plus cours.

Le désert, lieu où la confrontation à soi-même, à ses désirs, à ses priorités, débouche nécessairement sur des choix, à moins que l'âme se perde d'être seule avec elle-même et succombe par lassitude aux tentations du monde.

Désert où Moïse conduisit le peuple qui connut ces trois tentations du monde qui sont les trois enjeux de l'humanité, les trois risques de dérive que rencontre chaque humain, les trois choix que nos enfants, un jour, et plusieurs fois, devront effectuer pour découvrir leur humanité propre, pour se mettre en harmonie avec leur cœur profond, les trois grands repères qui balisent notre œuvre d'éducation.

---

1. Luc, chapitre 4, versets 1 à 13.

Désert réel pour certains, et désert symbolique pour la plupart, désert où l'on entre à des âges bien différents, où l'on demeure plus ou moins longuement, désert qui, parfois, semble ne jamais devoir finir.

Nos enfants deviennent adultes quand ils ont affronté cette période où ils acceptent la confrontation à l'essentiel qui s'exprime dans des choix qui les engagent.

Non pas des choix de profession qui sont, certes, importants, mais des choix d'une autre profondeur, qui se tranchent au fond de leur cœur, des choix de valeur, des choix d'où naît la vie ou qui conduisent à la mort de l'âme.

Quarante jours au désert pour Jésus qui répondent aux quarante années du peuple juif conduit par Moïse. Le temps réel n'a pas d'importance, il varie pour chacun : certains de nos enfants feront leurs choix de façon progressive, presque naturelle, sans grande angoisse ; d'autres connaîtront les tourments, hésiteront, avanceront, reculeront, trébucheront, se donnant des fidélités provisoires, croyant avoir choisi pour de bon, se rendant compte qu'ils ne peuvent pas supporter ces choix.

Nos enfants doivent d'une manière ou d'une autre passer par ce désert symbolique des choix et des tentations. Toute l'éducation que nous avons voulu leur donner les y prépare en même temps qu'elle les y oblige.

Les valeurs que nous avons voulu leur transmettre, les idéaux que nous avons voulu leur faire connaître les ont accompagnés, mais survient le moment où, à l'entrée de ce désert, tout cela doit être remis en cause pour être choisi librement.

Il serait illusoire et un peu fou de croire que nous pouvons nous substituer à eux dans ce désert où s'effectuent les choix : ils y sont seuls, porteurs, certes, de ce que nous avons voulu donner, mais seuls ils doivent absolument être pour que les choix qui vont être effectués et les tentations qui vont être rencontrées soient les leurs totalement, l'enjeu de leur vie propre.

Ils sont seuls, mais accompagnés cependant, « menés par l'Esprit à travers ce désert, pendant ces jours tentés par le diable ».

Menés par l'Esprit qui veille sans relâche et veut inspirer. Esprit envoyé par le Père qui, à chacun de nos enfants, dit sans cesse : « Tu es mon fils bien-aimé. »

Il y a des choix essentiels de l'existence que nous ne pouvons pas faire, que nous ne devons pas faire, à la place de nos enfants.

Il y a pour nos enfants des moments de solitude que nous ne devons pas troubler, dans lesquels nous ne pouvons pas intervenir.

Il y a ces périodes où notre absolu devoir est de nous effacer pour laisser notre enfant trouver au fond de lui ses raisons de vivre.

Il y a ces moments où seule notre prière a le droit de s'exprimer, prière silencieuse qui vient de la confiance que nous décidons d'accorder à notre enfant et à l'Esprit qui le guide dans le désert.

« Tenté par le diable. » Le personnage était de nature à nous effrayer quand nous étions enfants ; il a aujourd'hui plus de mal à être reconnu comme être réel par nos contemporains.

Satan, le Tentateur, l'Adversaire… Qu'il soit cornu ou sautillant autour du feu de l'enfer ou sans forme propre ne change pas grand-chose à sa réalité et à celle du monde, car l'étymologie du mot « diable » est : « celui qui divise, désunit ».

Tenté par le Diviseur, pourrait-on dire pour comprendre ce qui est à l'œuvre et qui nous est beaucoup plus familier.

Celui qui divise les hommes, les familles, les peuples et s'oppose à la volonté du Père qui dit : « Aime ton prochain… »

Celui qui divise par l'envie, l'âpreté au gain, l'égoïsme, la guerre, la violence…

Celui qui divise chaque être en lui-même, le soumettant à l'hésitation entre ses espoirs et ses résignations, son envie de bien faire et ses abandons, son attention aux autres et son repli sur soi.

L'homme est divisé et sa recherche de bonheur n'est pas une quête de la prospérité, mais un combat pour s'unifier, pour ne plus être l'otage de ses désirs contradictoires, l'enjeu des forces antagonistes qui l'épuisent. L'homme est divisé entre ses pulsions contradictoires, ses aspirations au mieux et ses acceptations du moins bien.

Le diable, ce diviseur de l'humanité et de chacun de nous, n'a pas vraiment besoin de représentation pour que nous le connaissions : il nous suffit de regarder en nous pour y reconnaître les effets de sa présence.

Notre unité nous échappe et nous passons notre vie à vouloir atteindre un état de grâce qui serait la marque indéniable du bonheur intérieur auquel nous aspirons.

« Pendant quarante jours tenté par le diable. » Trois tentations que le récit fait se succéder. Trois tentations en forme de dialogue entre Jésus et le Diviseur.

Trois tentations après lesquelles Luc nous dit : « Et ayant épuisé toute tentation, le diable s'écarta de lui. »

Trois tentations qui semblent concentrer à elles seules les choix que tout homme un jour doit effectuer, que nos enfants doivent un jour trancher pour atteindre leur vérité intérieure.

« Le diable lui dit : ‹ Si tu es le Fils de Dieu, dis à cette pierre de devenir du pain. › »

« Le diable lui dit : ‹ Je te donnerai, à toi, tout ce pouvoir, et la gloire. › »

« Et il lui dit : ‹ Si tu es le Fils de Dieu, jette-toi d'ici en bas, car il est écrit : *À ses anges il donnera l'ordre de te porter sur leurs mains.* › »

Le pain, symbole de l'avoir. Le pouvoir et la gloire. Le saut dans le vide, comme tentation de défier les règles naturelles et d'exiger le miracle.

Trois tentations qui sont le contrepoint obscur des trois grandes valeurs qui balisent notre effort d'éducation.

Notre effort d'abord de montrer à nos enfants que l'abondance ne fournit pas le bonheur, que la recherche de toujours plus de richesse est une impasse et que l'énergie déployée pour l'obtenir, si elle était dirigée ailleurs, aboutirait à des satisfactions bien plus profondes.

Les enfants des pays développés sont immergés dans une culture contraire à ces valeurs : toute l'énergie de la société est mobilisée pour produire et vendre plus de biens.

Ce qu'on appelle la *société de consommation* est d'abord une *société de production* accélérée de biens. Notre système économique est fondé sur une production qui doit augmenter sans cesse pour accroître les richesses des producteurs et des distributeurs, et qui doit absolument, de gré ou de force, trouver des acheteurs pour les biens ainsi produits.

Comprendre ce système n'est pas anecdotique pour un chrétien. Quand une société se mobilise majoritairement pour produire des biens de façon effrénée, elle correspond très exactement à la situation décrite par l'Évangile : « Dis à cette pierre de devenir du pain. »

Cette phrase rend précisément compte d'une action de production encore mieux exprimée par Matthieu quand il rapporte le même dialogue entre le diable et Jésus [2] : « Dis que ces pierres deviennent du pain. »

La tentation proposée par le diable est de transformer toute réalité en objet de consommation.

Jésus répond : « Ce n'est pas de pain seul que vivra l'homme. »

---

2. Matthieu, chapitre 4, verset 3.

La question à laquelle nos enfants devront un jour répondre, et à laquelle nous pouvons tenter de les préparer, est simple : « Qu'est-ce qui va te faire vivre ? »

Certes, ils auront besoin de pain, et d'un abri, et de culture et de loisirs, mais, au-delà de ces besoins élémentaires, sur quoi vont-ils fonder le principe de leur existence ? Puisque ce n'est pas de pain seul que vivra l'homme, de quoi d'autre vivra-t-il ?

Notre angoisse naturelle est ici mauvaise conseillère. Dans les pays de pauvreté comme dans les pays riches qui connaissent de forts taux de chômage, l'inquiétude des parents les pousse à privilégier la sécurité économique pour leur famille et pour leurs enfants, au point parfois de ne laisser qu'un petit espace pour d'autres préoccupations.

Nos enfants devront avoir du pain pour vivre, mais laissons-nous assez de place à d'autres besoins qu'il leur faudra satisfaire s'ils veulent vivre en harmonie avec les aspirations de leur cœur profond ?

Notre effort ensuite pour leur faire découvrir que le pouvoir enivre et peut devenir une idolâtrie.

« Le diable lui dit : ‹ Je te donnerai, à toi, tout ce pouvoir, et la gloire parce qu'elle m'a été livrée et je la donne à qui je veux. › »

À croire la déclaration du diable, le pouvoir et la gloire lui appartiennent, et il les donne à qui se prosterne devant lui.

Il y a là une affirmation dérangeante pour l'homme et les peuples, autant que pour les religions, depuis de longs siècles, car ce n'est pas seulement un pouvoir excessif et une gloire indue qui sont stigmatisés, mais le pouvoir et la gloire en tant que tels. Le diable lui-même est leur origine et leur dispensateur.

Le pouvoir et la gloire ne sont donc pas des valeurs évangéliques et elles ne conduisent pas au bonheur. Les béatitudes le disent d'une autre manière en affirmant que le bonheur se trouve dans la pauvreté, dans la miséricorde, dans la faim, dans la soif [3]...

Et pourtant, le pouvoir et la gloire sont des ressorts importants des sociétés en général, et des plus riches d'entre elles en particulier, comme l'illustrent les émissions de télévision entièrement dédiées à la fabrication de vedettes. Le pouvoir et la gloire fascinent, attirent et sont érigés en valeurs absolues.

Or, le pouvoir est une charge et un risque, et ne peut s'exercer au profit de tous que s'il est ressenti comme une charge et un risque par celui qui l'assume.

Jésus répond : « Tu adoreras le Seigneur ton Dieu, et à lui seul tu rendras un culte », excluant définitivement la recherche du pouvoir et de la gloire des attributs de l'homme.

Choisissons-nous de les exclure des valeurs que nous voulons transmettre à nos enfants ?

Notre effort, enfin, pour montrer à nos enfants que certaines règles naturelles ne peuvent être transgressées et que le miracle ne nous appartient pas.

« Il l'amena à Jérusalem et le plaça sur le pinacle du temple, et il lui dit : ‹ Si tu es le Fils de Dieu, jette-toi d'ici en bas, car il est écrit : *À ses anges il donnera des ordres pour toi, afin qu'ils te gardent. Et : Sur leurs mains ils te porteront, de peur que tu ne heurtes du pied quelque pierre.* › »

La tentation est ici complexe. Elle s'exprime apparemment par une tentation à faire exercer un pouvoir de plus, non plus le propre pouvoir de Jésus de transformer la pierre en pain, ou le pouvoir et la gloire qui appartiennent au diable et qu'il peut lui offrir, mais le pouvoir, extraordinaire, miraculeux, exercé contre les lois naturelles par Dieu lui-même au nom de l'amour du Père pour son Fils bien-aimé.

---

3. Matthieu, chapitre 5, versets 3 à 12.

La tentation offerte à Jésus de contrarier l'ordre du monde pour prouver sa nature divine aboutit à cette réponse : « Tu ne tenteras pas le Seigneur ton Dieu. »

Cet ordre du monde, voulu par Dieu, est complexe à définir. Il s'exprime entre deux balises, toutes deux rappelées dans la Genèse : « De tous les arbres du jardin, tu peux manger, mais de l'arbre de la connaissance du bien et du mal, tu ne mangeras pas [4] » et : « Remplissez la terre et soumettez-la ; dominez sur les poissons de la mer, sur les oiseaux du ciel et sur tout être vivant qui rampe sur la terre [5]. »

L'activité de l'humanité doit s'exercer et son intelligence se déployer, mais il existe des règles que l'homme n'a pas le pouvoir de transgresser, il existe des pouvoirs qui ne lui appartiennent pas. L'homme n'est pas un dieu, et il ne peut prétendre être l'horizon de lui-même.

Nos enfants doivent découvrir que le monde et la vie vont leur résister et qu'il est bon que cette résistance s'oppose à leurs envies et leurs souhaits.

Cela commence très tôt dans l'existence : les jeunes enfants doivent se heurter à nos interdictions, aux « non » que nous leur opposons. Un enfant tyran est un enfant à qui manquera un élément important d'équilibre psychologique.

Un enfant qui obtient tout de suite ce qu'il désire est un enfant qui connaîtra l'insécurité intérieure d'être mené par toujours plus de désirs.

Un enfant dont les parents réalisent toutes les envies sans lui donner l'occasion d'entreprendre lui-même les actions pour obtenir ce qu'il convoite est un enfant incapable d'affronter les résistances inévitables imposées par la vie réelle.

---

4. Genèse, chapitre 2, versets 16 et 17.
5. Genèse, chapitre 1, verset 28.

Les trois tentations se sont déployées. Le récit de ce qui se passa il y a deux mille ans est saisissant d'actualité et nous pousse à nous poser une question un peu angoissante : la société dans laquelle nous vivons sait-elle résister à ces trois tentations ?

La recherche jamais terminée de l'avoir comme moteur économique des pays développés. La quête de la gloire et du pouvoir comme réalité pour un petit nombre et comme modèle inatteignable pour le plus grand nombre. La volonté de se soustraire à un ordre du monde, volonté qui fait de l'homme le juge ultime de ce qui est bon et de ce qui est mauvais.

La réponse à la question s'impose : non seulement les sociétés développées ne résistent pas à ces trois tentations, mais elles ont établi, pour une bonne part, leur système d'existence comme une transgression de ces trois principes. Cela a deux conséquences différentes.

D'une part, les valeurs évangéliques que nous essayons de transmettre à nos enfants sont en contradiction avec ce qu'ils voient et ce qu'ils entendent dans leur vie de tous les jours. D'autre part, le ferment chrétien dispose d'un large champ pour se développer, tant il semble que cette société en a perdu la saveur.

Comment transmettre des valeurs en contradiction avec celles d'une société où parents et enfants vivent ?

La réponse de fermeture est difficilement soutenable à la fois pour des raisons pratiques et pour des raisons évangéliques.

Se regrouper dans des sociétés fermées sur elles-mêmes, stigmatiser sans cesse le danger du monde, discourir sur le devoir de résistance à l'égard des tentations du monde, tout cela ne constitue pas une bonne pédagogie. À force de stigmatiser le mal, on perd le goût du bien.

De plus, l'Évangile nous invite sans cesse à aller enseigner et témoigner et nous demande d'être ce sel qui manque à la terre, nous interdisant ainsi de nous réfugier dans des ghettos moraux ou spirituels.

La réponse semble être dans l'expérience concrète partagée et expliquée.

Expérience d'un réveillon où l'on invite des personnes isolées, mais où on simplifie le repas, où l'on crée une atmosphère de joie et de sympathie, expérience qui permet de faire comprendre à nos enfants que ce n'est pas la richesse de la nourriture qui fabrique du bonheur, mais la relation d'attention aux autres.

Pratique qui consiste à ne pas imposer les décisions sans explication, mais à aider chacun à discerner ce qui constitue le meilleur choix. Montrer que l'expérience de l'autonomie est une aventure où chacun s'enrichit. Refuser parfois d'ordonner pour pousser à la responsabilité et à l'engagement. Donner l'occasion à chacun de proposer des idées et des projets. Tout cela démontre par le concret que le pouvoir et la gloire sont moins riches que le partage des projets et la contribution de chacun.

Différence manifestée entre ce qui est mal et la personne qui réalise ce mal. Indulgence pour la personne et tentative de comprendre ce qui l'a amenée à commettre l'acte répréhensible, mais affirmation que le mal est mal, que la vie n'appartient pas à l'homme, que la vérité du monde n'est pas produite par le monde.

Expérience des jeux où la règle est toujours respectée, même si elle est contraignante, pour manifester que rien n'est possible sans un principe qui ordonne la vie. Refus de la tricherie et des faux-semblants dans la vie de tous les jours.

C'est par ces petites touches pointillistes constituées par les événements de la vie que ces valeurs sont susceptibles d'être partagées. C'est par l'expérience des moments de bonheur et de calme intérieur, décryptés entre parents et enfants, que, progressivement, sans théorie systématique, les valeurs propres à satisfaire nos enfants seront découvertes.

À chacune des tentations du diable, Jésus a répondu. D'abord : « Ce n'est pas de pain seul que vivra l'homme. » Puis : « Tu adoreras le Seigneur ton Dieu, et à lui seul tu rendras un culte. » Enfin : « Tu ne tenteras pas le Seigneur ton Dieu. »

Au pain tu ne rendras pas un culte, ni à l'avoir en général, ni à la richesse, ni au pouvoir, ni à la gloire.

À Dieu seul tu rendras un culte, parce que seul Dieu est digne de ton adoration, de ton amour, parce que l'on ne peut trouver le bonheur en adorant à hauteur d'homme, en adorant à hauteur du monde.

L'adoration et le culte, pour élever celui qui s'y livre, doivent s'adresser à plus que soi, à différent de soi, sinon l'une comme l'autre rabaissent l'homme, l'enferment plutôt que le libèrent.

L'homme ne peut s'adorer lui-même ni adorer ce qu'il produit, sinon il se perd et s'étouffe.

Tu ne tenteras pas le Seigneur ton Dieu, c'est-à-dire tu ne le mettras pas au défi, tu ne mettras pas en doute sa réalité divine, son amour pour l'homme. Tu ne lui réclameras pas de miracle, car le miracle, sa réalisation comme la décision de le réaliser, lui appartient.

Trois réponses comme trois étages à gravir dans la découverte des valeurs que chaque homme est invité à faire siennes. L'homme ne se réduit pas à ce qu'il a. L'homme n'est pas le maître de sa vérité qui est en Dieu. Dieu est l'origine et la destination de l'homme ; le bonheur se trouve dans l'acceptation de cette prière : que ta volonté soit faite[6].

Évangile de Luc, chapitre 4, versets 1 à 13

Jésus, rempli de l'Esprit Saint, s'en retourna du Jourdain, et il était mené par l'Esprit à travers le désert, pendant quarante jours tenté par le diable.

6. Matthieu, chapitre 6, verset 10.

Et il ne mangea rien en ces jours-là, et quand ils furent finis, il eut faim.

Le diable lui dit : « Si tu es le Fils de Dieu, dis à cette pierre qu'elle devienne du pain. » Et Jésus lui répondit : « Il est écrit que *ce n'est pas de pain seul que vivra l'homme.* »

Et l'emmenant plus haut, il lui montra en un instant tous les royaumes du monde, et le diable lui dit : « Je te donnerai, à toi, tout ce pouvoir, et la gloire de ces royaumes, parce qu'elle m'a été livrée, et je la donne à qui je veux. Toi, donc, si tu te prosternes devant moi, elle sera toute à toi. » Et, répondant, Jésus lui dit : « Il est écrit : *Tu adoreras le Seigneur ton Dieu, et à lui seul tu rendras un culte.* »

Il l'amena à Jérusalem et le plaça sur le pinacle du temple, et il lui dit : « Si tu es le Fils de Dieu, jette-toi d'ici en bas, car il est écrit : *À ses anges il donnera des ordres pour toi, afin qu'ils te gardent. Et : Sur leurs mains ils te porteront, de peur que tu ne heurtes du pied quelque pierre.* » Et, répondant, Jésus lui dit : « Il est dit : *Tu ne tenteras pas le Seigneur ton Dieu.* »

Et ayant épuisé toute tentation, le diable s'écarta de lui jusqu'au moment favorable.

JETEZ LE FILET...

LA PÊCHE parfois est infructueuse [1]. Tout comme nos efforts semblent parfois se heurter à l'incompréhension de nos enfants, à leur refus, à leur paresse peut-être.

Nos efforts de parents qui ne sont pas minces, même s'ils sont discrets. Nos efforts pour assurer à nos enfants le maximum de sécurité matérielle, de sécurité affective, des études, l'apprentissage d'un métier. Nos efforts pour les faire grandir, pour les aider à se découvrir. Nos efforts aussi pour leur faire aimer notre idéal, leur donner l'occasion de rencontrer notre Dieu, prendre goût au silence et à la prière.

Nos efforts qui ne sont pas minces et sont patients. L'effort des parents est discret, continu, la peine ne se ménage guère, mais parfois le résultat ne semble pas être au rendez-vous. Parfois les filets restent vides.

Frustrant parfois est le métier de pêcheur quand il se passe en nuit blanche. Frustrant de lancer les filets et de les remonter pour voir son espoir déçu. Frustrant de les lancer à nouveau, certain qu'ils remonteront vides, une fois de plus. Il y a de la tristesse pour un pêcheur qui, de longues nuits durant, ne remonte aucun poisson, triste comme un lac déserté.

Il y a de la tristesse pour les parents qui ont beaucoup donné, souri malgré les larmes qui les guettaient, joyeux quand la déception les accablait. Tristesse des parents qui veulent espérer et qui voient leurs efforts rester sans récompense.

---

1. Jean, chapitre 21, versets 3 à 13.

« Simon-Pierre leur dit : ‹ Je m'en vais pêcher. › Ils lui dirent : ‹ Nous venons, nous aussi, avec toi. › Ils partirent et montèrent dans le bateau. »

Jeune homme et jeune femme que nous avons été, et qui avons décidé de faire barque commune. Barque commune pour le meilleur et pour le pire, avec l'idée que le meilleur serait bien plus fréquent que le pire. Insouciants peut-être que le pire pourrait survenir.

Nous nous sommes mariés, avons mis tout en commun, ce que nous apportions et ce que nous allions découvrir ensemble, ce que nous allions créer aussi. Nous avons pris la mer, mari et femme partant, confiants, à l'aventure.

« Et cette nuit-là, ils n'attrapèrent rien. » Six hommes avaient répondu à l'appel de l'un d'entre eux, avaient rejoint la barque, croisé le long des rivages, jeté les filets à gauche, jeté les filets à droite, et de la gauche comme de la droite les avaient tirés de l'eau sans qu'un seul poisson n'y demeure. La persévérance avait succédé à la légèreté du début, l'entêtement avait pris la relève : que faire sinon tenter encore ?

Moments de légèreté dans le couple, comme des matins de Pâques, moments de plénitude et de joie gratifiante. Et moments où la manœuvre est plus rude, où la fidélité prend la suite de la spontanéité, où la promesse aide à continuer.

Mêmes mouvements du cœur et de la volonté à l'égard des enfants. Émerveillement profond de la naissance, larmes de bonheur quand pour la première fois ils nous appellent « papa » ou « maman ». Surprise devant cette intelligence qui se développe et se rue en paroles dès que le langage se libère.

Taille qui grandit, cœur qui s'élargit, dynamisme qui s'affirme : nos enfants nous gratifient souvent d'une joie à nulle autre pareille, d'une joie que nous n'aurions pu sans doute nous procurer de nos seules forces.

Puis, parfois, et quelquefois souvent, plus tard mais parfois très tôt, la surprise qui précède l'inquiétude, l'inquiétude qui s'amplifie devant une maladie. Notre cœur qui se brise devant un accident, ou plus simplement notre anxiété devant une attitude, un trait de caractère, un risque, un vrai danger, une mauvaise influence, un échec, un choix.

Notre vie de parents peut être d'une effrayante austérité, d'une aridité à faire peur. Bien souvent, nous courons le risque de la désillusion, de la déception qui assèche, de la perte de confiance qui nous replie sur nous pour ne pas endurer plus longtemps.

La pêche était le métier de Simon-Pierre, longtemps exercé, avec ses jours généreux et d'autres qui l'étaient moins. Il vivait sur les bords d'un lac, il vivait de ses eaux. Être parent n'est pas vraiment un métier, mais une impulsion, un instinct, avant d'être une mission.

Il n'empêche que cela s'apprend jour après jour, que cela se découvre à tout moment, que la surprise est au coin de chaque matin nouveau, que l'expérience petit à petit s'accumule sans que nous soyons vraiment sûrs que nous pourrons compter sur elle pour faire face à de nouvelles surprises.

Comme Simon-Pierre, nous connaissons le poids et l'abnégation de la persévérance. Répéter une fois de plus le même conseil à nos enfants, sous une autre forme, encourager encore et encore, pardonner et aider à se relever à nouveau. Tout cela est-il moins prenant ou moins digne que de jeter les filets à gauche, et les jeter à droite, et les tirer de l'eau, vides, pour les jeter à nouveau ?

Les nuits des pêcheurs sont certes différentes de celles des parents, mais les nuits sans sommeil des parents ont une densité qui les rend inimitables. Les parents agissent le jour, mais c'est la nuit qu'ils retrouvent leurs inquiétudes que l'action du jour leur a permis de tenir en lisière de leur conscience.

Ils connaissent ces insomnies qui les surprennent allongés côte à côte, l'un dormant peut-être tandis que l'autre n'y parvient pas et n'ose bouger de peur d'éveiller le premier et de lui imposer cette angoisse qui manque de le submerger. Les nuits des parents qui voudraient être meilleurs, qui voudraient leurs enfants plus heureux, rêvent pour eux d'un avenir plus assuré.

Les nuits des parents qui attendent pendant des années – et les années d'attente se comptent en nuits bien plus qu'en jours – un enfant pas encore mis au monde, qu'ils ne parviennent pas à faire venir au monde, ou qui espèrent le retour d'un enfant perdu dans le monde, qui s'interrogent sur ce qu'ils devraient faire, sur ce qu'ils n'ont pas fait, sur ce qu'ils ont manqué, la parole qu'ils n'ont pas su dire, le sourire qu'ils n'ont pas donné, l'irritation qu'ils n'ont pas su masquer, l'occasion perdue tout simplement, et le regard de leur enfant détourné.

Les parents qui ne dorment pas sont des parents qui aiment avec toute l'intensité dont ils sont capables et qui ont peur de ne pas aimer assez. Les parents malheureux vivent la nuit, et leur nuit est immobile, et cette immobilité les rend malheureux.

Leurs nuits peuplées de leurs peurs et de leurs regrets, leurs nuits où ils sont seuls, qui sont des nuits inutiles, des nuits envahies par eux seuls, sans l'idée d'un recours, d'une visite, d'un appel.

Des nuits de tempête et parfois de dégoût, des nuits centrées sur leur tempête et leur dégoût, des nuits qui ne servent à rien, des nuits où les parents se font mal.

Les parents qui travaillent le jour ou qui s'épuisent à ne pouvoir travailler et qui s'éreintent la nuit de ne pas plus donner, de ne pas se croire à la hauteur. Des parents qui ont jeté les filets et croient qu'ils sont vides, les voient vides.

Tous les parents sont inquiets et familiers de la nuit.

«Comme déjà c'était le matin…» L'aube était venue comme une promesse que la nuit n'avait su tenir. Aube fragile comme toutes les aubes au moment de céder la place au jour.

Pour un pêcheur de ce pays-là, l'aube n'est pas la marque du début, c'est le signe d'une fin. Fin de la nuit d'effort, retour vers la plage, vente des poissons qui ont consenti à la prise, un peu de sommeil, les filets à remailler. On ne pêche pas sous le feu du soleil, on attend qu'il cède la place qu'il s'est si brutalement appropriée.

Pour des parents inquiets, l'aube est ambiguë : soulagement de quitter les rives de l'insomnie où tout paraît plus lourd et plus triste, crainte que le jour apporte aux craintes de la nuit l'occasion de se réaliser.

Aube qui dit qu'il faut à nouveau se mettre en marche, quelle que soit la fatigue, et sourire bien sûr, et montrer que la vie est plus forte que les nuits inquiètes sans sommeil.

Pour ce pêcheur-là, ce matin-là, l'aube allait enfin être ce qu'elle doit, le signe d'un début, signe tremblant et fragile, ouverture à du nouveau quand la parenthèse s'est refermée.

Le monde de Simon-Pierre, à ce moment, s'était en effet mis entre parenthèses. L'aventure s'était fracassée sans éclat et sans gloire. Lui-même avait démontré un très petit courage : il parlait vite et fort, tout de protestations de dévouement, mais les paroles quittent vite la bouche quand le risque est absent, et ce sont des mensonges qui se profèrent quand la menace est proche[2].

Le souvenir des lâchetés ne disparaît pas si vite, et quand celles-ci frappent ceux que l'on aime, elles cuisent plus fort et plus longtemps. Le coq avait chanté trois fois. Pierre était sorti et amèrement avait pleuré.

---

2. Jean, chapitre 18, versets 15 à 27.

Toujours le malheur surprend, et bien plus les parents qui réservent à ce rôle le meilleur d'eux-mêmes, les sentiments les plus purs, les générosités les plus scrupuleuses.

Il y a une idée que les parents se font qui voudrait que là où l'on donne le plus d'amour il ne puisse rien arriver de mal. On voudrait que le malheur ne survienne que là où il est mérité. Le mal, pourtant, est aveugle, et le courage des débuts, les dévouements légers et naturels, les oublis de soi joyeusement consentis semblent s'user devant lui, devant la fatigue, devant la déception, devant d'autres envies et de nouvelles aventures.

Il arrive aux parents de pleurer amèrement, même si leurs larmes ne sont pas visibles, simplement cachées ou retenues.

Pour Simon-Pierre, l'aube qui naissait des collines alentour allait refermer la parenthèse, ouvrir des chemins vers des contrées lointaines, offrir un sens à une vie, donner naissance à quelque chose d'inimaginable. L'aube, fragile, déployait sa tendresse sur le lac : il était temps de rentrer. La barque se trouvait à cent mètres du rivage ; elle serait facile à ramener, aucun poisson ne l'alourdissait.

« Jésus se tint sur le rivage ; pourtant, les disciples ne savaient pas que c'était Jésus. »

Cent mètres, deux cents coudées, ce n'est pas loin pour des yeux de marin, sa physionomie aurait dû leur être familière.

Dieu est proche des parents, très proche, au plus proche. Il les regarde d'une tendresse infinie. Mais Dieu s'impose si peu qu'il est facile de ne pas le voir, de ne pas le reconnaître, même si proche, si présent, tendu vers eux d'une si forte sollicitude.

Il est facile de ne pas le voir : ce n'est même pas une faute. Si Pierre et les autres ne le voyaient pas de si près, eux qui l'avaient si bien connu, nous n'avons guère à nous reprocher de n'avoir pas meilleure vue !

Comment le reconnaître sinon avec les yeux de nos âmes, puisque les yeux de notre corps ne peuvent y prétendre ? C'est en nous que Dieu fait sa demeure, car « celui qui demeure dans l'amour demeure en Dieu, et Dieu demeure en lui [3] ».

Notre amour de parents, s'il est vrai – mais il y en a bien peu qui ne le sont pas –, nous donne une assurance : si nous en vivons, si nous demeurons dans cet amour même si nous sommes fatigués, inquiets ou tristes, nous demeurons en Dieu et Dieu demeure en nous.

En nous, Dieu aime à venir habiter, même si nos yeux ont du mal à le percevoir, même si nous refusons de le voir, même si nous souffrons de ne pas vouloir le voir.

Les parents ont la possibilité d'une totale certitude : Dieu n'est pas à distance, il habite en eux dès lors qu'ils vivent cet amour de parents. Quand les parents sentent battre en eux leur cœur de parents et qu'ils y découvrent l'amour le plus pur dont ils sont capables, alors les parents sont bien proches de leur Dieu.

Quand l'homme devient père, quand la femme devient mère, quand ils acceptent le poids de leur enfant, ils se trouvent au plus proche de ce qu'est Dieu pour eux. Ils s'en approchent de si près que cela devrait les assurer une fois pour toutes que Dieu les habite parce qu'ils sont des parents.

« ‹ Enfants, n'auriez-vous pas quelque chose à manger ? › Ils répondirent : ‹ Non. › »

Ils n'entendirent que sa question, ne s'interrogeant pas sur son identité, et bien sûr lui répondirent : « Non. »

---

3. Première lettre de Jean, chapitre 4, verset 16.

Il n'y a pas de honte à reconnaître une pêche infructueuse, simplement de la fatigue, et la vague lassitude qui s'exprime quand la vie est entre parenthèses.

Il n'y a pas de honte pour des parents à reconnaître leur fatigue et leur déception, et leur tristesse et leur envie de renoncement.

« Il leur dit : ‹ Jetez les filets du côté droit du bateau, et vous trouverez. › »

L'homme sur la plage leur donna une chance supplémentaire, une occasion d'une ultime tentative avant que le bateau ne s'amarre pour la journée. À droite, dit-il, vous en trouverez. Un regard de pêcheur sans doute, et de pêcheur émérite. Un regard qui voit loin, plus loin que nous ne voyons ordinairement.

Vous, pêcheurs de Tibériade, vous n'avez rien pêché, vous en avez assez de vous efforcer sans résultat, le moment ne semble plus favorable. Cependant, ayez confiance, jetez vos filets à droite.

Parents, vous avez beaucoup tenté, beaucoup agi, vous vous êtes démenés, vous avez réfléchi, avez pris soin, avez tenté toutes les démarches, et vous aboutissez à un résultat infructueux ? Jetez les filets une fois encore.

Jetons-les non pas parce que nous le voulons ou parce que nous pensons qu'il y a encore une chance. Jetons-les simplement parce que le Christ nous y invite. Ne les jetons pas de notre volonté, mais par confiance envers quelqu'un à qui nous faisons confiance.

Essayons encore une fois au nom de Dieu, à son appel.

Essayons une fois de plus, et cette fois-ci dans un acte de foi.

Pas un acte de foi en notre mission, mais un acte de foi en lui, lui laissant, cette fois, la charge du résultat.

Décidons de jeter le filet une fois de plus. Et puisque c'est à son invite, c'est à lui de diriger le filet là où la récolte est possible.

L'histoire recommença comme l'aube recommence les jours. Ils ne parvenaient pas à remonter les filets tant ils grouillaient, eux qui avaient été jetés si souvent en vain.

Ce déjà-vu, ce déjà-fait, cet émerveillement de l'être quand rien ne marche et que soudain l'effort porte du fruit, cette éclaircie qui écarte la grisaille permirent à l'un des pêcheurs de reconnaître celui qui, sur le rivage, se tenait. Il reconnut pour ce qu'il était celui-là qui, non loin d'eux, les interrogeait, et il en fit part à ses compagnons.

Notre pêcheur, ce Pierre, prompt à l'action et lent à la découverte, sauta à l'eau, oubliant la barque, les filets et les poissons.

Le feu était allumé depuis un moment, les braises étaient déjà formées, prêtes à cuire une part de la pêche. Les menus poissons, avait demandé le Seigneur. C'était lui, mais ce n'était pas lui. Ce n'était pas lui, mais, sans aucun doute, c'était lui. Ils savaient bien que c'était lui, mais différent, aussi différent qu'on puisse l'être quand on est mort et que l'on ressuscite, lorsqu'on est relevé des morts.

Parents, nous connaissons nos morts, ces petites morts qui se succèdent : ambition contrariée, projet abandonné, espoir déçu, tristesse de l'incompréhension, apparent rejet.

Ces petites morts malgré nos efforts, malgré nos tentatives, tous ces filets lancés, toutes ces invites à l'égard de nos enfants.

Il y a cependant des aubes et des rencontres possibles. Il y a notre difficulté à reconnaître le visage du Christ ressuscité depuis l'obscurité de nos déceptions et de nos chagrins. Et pourtant, il est là, vivant, au bord du rivage, à peine à cent mètres de notre barque, offert à notre reconnaissance, ayant déjà allumé le feu.

Il est là, désireux de nous nourrir, de nous réchauffer, de parler avec nous. Il est là, difficile à reconnaître peut-être, mais nous interpellant au milieu de nos soucis : « Avez-vous quelque chose à manger ? » Le

Christ, préoccupé de nos déceptions et de notre manque, attentif à nos besoins.

Le Christ est là : nous pouvons le croire comme nous pouvons ne pas y croire. À nous de voir.

Nous pouvons entendre sa parole ou n'entendre qu'un silence vide. C'est nous qui décidons.

Mais si nous voulons le croire, si nous décidons de traverser le silence de la déception ou du doute pour atteindre sa parole, alors une question nous cueille dès que nous avons franchi la distance : « M'aimes-tu ? »

Question posée trois fois à Pierre, autant de fois qu'il avait nié. Question qui se pose à nous, chrétiens, bien plus importante que celle que nous nous posons parfois qui consiste à nous demander : « Est-ce que je crois vraiment ? » Notre credo moins important que notre amour, notre foi qui est d'abord un amour.

Et la réponse de Pierre : « Tu sais, toi, que je t'aime tendrement », alors que d'autres peuvent en douter qui savent que je t'ai abandonné.

Et cette reprise du Seigneur, relevé des morts, en deux paroles : nourris mes agneaux et mes brebis, sois leur berger.

Est-ce une invite à Pierre seulement destinée ? N'y aurait-il pas comme une mission pour nous, parents, transmise par le Christ de la part de Dieu, Père des cieux ? Nourrir ses enfants qui sont les nôtres, être leur berger sur la terre ?

« Tu sais bien que je t'aime », a dit Pierre. Des paroles d'engagement personnel, mais aussi des paroles de fondation, il ne faut pas s'y tromper.

Il faut aimer pour fonder. Fonder une famille, fonder une entreprise, fonder une amitié, fonder une congrégation religieuse, fonder une association, un groupe, une nation… Il faut aimer les gens et les choses.

Il faut aimer pour fonder. Il faut même aimer d'une façon particulière.

«Tu sais bien que je t'aime», a répondu Pierre. Trois fois. À la troisième fois, la voix a tremblé, comme une tristesse mêlée à un entêtement.

Cette réponse ne cessera plus de trembler dans le cœur de Pierre, comme elle ne cesse de trembler dans celui de ceux qui veulent suivre Jésus et l'aimer.

Cette phrase a tremblé dans la voix de Pierre, et c'est en cela qu'elle touche au cœur. Elle a tremblé de fragilité, elle a tremblé au souvenir de sa fragilité. La fragilité de Pierre, notre fragilité, celle de tous les enfants de Dieu qui pleurent d'aimer et en même temps de ne pas aimer à la hauteur de leur désir.

Il y a un lien indissoluble entre la réponse de Pierre – «tu sais bien que je t'aime» – et sa mission de nourrir et de conduire, de faire grandir.

Il y a un lien indissoluble entre notre propre réponse à cette même question que Jésus nous adresse et notre mission de parents.

Tu sais bien que nous aimons, même si nous ne savons pas toujours bien le dire, même si nous l'oublions parfois, même si les filets vides nous font parfois douter de notre capacité à aimer.

Tu sais bien que nous t'aimons, et que nous aimons nos enfants, même si parfois nous ne savons pas le leur dire, nous ne savons pas te le dire.

Tu sais bien que nous les aimons. Sinon, nous serions incapables de les nourrir, de les conduire, de les faire grandir.

Tu sais bien que nous t'aimons, sinon serions-nous capables de nourrir nos enfants et de les faire grandir?

Mais, surtout, serions-nous capables de garder la confiance quand elle est malmenée, quand les filets sont vides à en pleurer de tristesse et de déception?

Faut-il même que nous t'aimions et que nous les aimions pour, du fond de notre fatigue, être capables de jeter une fois encore le filet ?

Évangile de Jean, chapitre 21, versets 1 à 13

Après cela, Jésus se manifesta de nouveau aux disciples sur les bords de la mer de Tibériade ; il se manifesta ainsi.

Il y avait ensemble Simon-Pierre, Thomas appelé Didyme, Nathanaël de Cana en Galilée, les fils de Zébédée et deux autres de ses disciples.

Simon-Pierre leur dit : « Je m'en vais pêcher. » Ils lui disent : « Nous venons, nous aussi, avec toi. » Ils partirent et montèrent dans le bateau ; et cette nuit-là ils n'attrapèrent rien.

Comme déjà c'était le matin, Jésus se tint sur le rivage ; pourtant les disciples ne savaient pas que c'était Jésus.

Jésus leur dit donc : « Enfants, n'auriez-vous pas quelque chose à manger ? »

Ils lui répondirent : « Non. »

Il leur dit : « Jetez le filet du côté droit du bateau, et vous trouverez. »

Ils le jetèrent donc, et ils ne parvenaient pas à le tirer, à cause de la multitude des poissons.

Le disciple, celui que Jésus préférait, dit donc à Pierre : « C'est le Seigneur ! »

Simon-Pierre donc, apprenant que c'était le Seigneur, se noua un vêtement à la ceinture – car il était nu – et se jeta à la mer. Les autres disciples vinrent dans la barque – ils n'étaient pas loin de la terre, mais à environ deux cents coudées –, traînant le filet de poissons.

Quand donc ils furent descendus à terre, ils aperçoivent un feu de braise disposé là, et du menu poisson placé dessus et du pain.

Jésus leur dit : « Apportez ces menus poissons que vous venez d'attraper. »

Simon-Pierre monta dans le bateau et tira à terre le filet rempli de gros poissons : cent cinquante-trois !... et bien qu'il y en eût tant, le filet ne se déchira pas.

Jésus leur dit : « Venez déjeuner. »

Aucun des disciples n'osait lui demander : « Qui es-tu ? » : ils savaient bien que c'était le Seigneur.

Vient Jésus qui prend du pain et le leur donne, et du menu poisson pareillement.

Lors donc qu'ils eurent déjeuné, Jésus dit : « Simon, fils de Jean, m'aimes-tu plus que ceux-ci ? »

Il lui dit : « Oui, Seigneur, tu sais, toi, que je t'aime tendrement. »

Jésus lui dit : « Fais paître mes agneaux. »

Il lui dit de nouveau une seconde fois : « Simon, fils de Jean, m'aimes-tu ? »

Il lui dit : « Oui, tu sais, toi, que je t'aime tendrement. »

Jésus lui dit une troisième fois : « Simon, fils de Jean, m'aimes-tu tendrement ? »

Pierre fut attristé de ce qu'il lui avait dit une troisième fois : « M'aimes-tu tendrement ? » et il lui dit : « Seigneur, tu sais, toi, toutes choses ; tu connais, toi, que je t'aime tendrement. »

Jésus lui dit : « Fais paître mes brebis. »

QUI EST MON PÈRE ? QUI EST MA MÈRE ?

« *E*T VIENNENT SA MÈRE ET SES FRÈRES qui, se tenant dehors, l'envoyèrent appeler. Et une foule était assise autour de lui[1]. » Dès le début de ce court récit qui possède tout pour susciter l'incompréhension des parents même les mieux disposés à l'égard de l'Évangile, le décor est planté et la situation des protagonistes de la scène, si elle est bien concrète, est aussi hautement symbolique.

D'un côté Jésus et une foule, de l'autre sa famille qui se tient en dehors du rassemblement. Dans son Évangile, rapportant la même scène, Luc écrira : « Survinrent près de lui sa mère et ses frères, et ils ne pouvaient l'atteindre à cause de la foule[2]. »

Jésus a grandi ; il est devenu un homme public. Il a quitté son domicile, son activité et sa famille pour se mettre en route, renonçant sans doute à un domicile fixe. Il a remplacé son métier par la prédication et les miracles, s'est choisi une nouvelle famille, celle de ses disciples qui répondaient à son appel.

Nous sommes encore au début de la vie publique de Jésus : sa famille ne s'est sans doute pas encore habituée à cette rupture voulue par l'homme Jésus pour accomplir sa mission. Elle va le suivre de loin, mais aussi profiter de ses passages à proximité de ses lieux d'habitation pour tenter de le voir et de lui parler.

---

1. Marc, chapitre 3, versets 31 à 35.
2. Luc, chapitre 8, versets 19 à 21.

QUI EST MON PÈRE ? QUI EST MA MÈRE ?

Peu de temps auparavant [3], s'arrêtant chez Pierre pour y prendre un repas, il en fut empêché par la foule qui ne cessait de vouloir l'entendre et d'espérer des guérisons.

Jésus, accaparé par les foules au point de ne pouvoir se restaurer, pose un problème à sa famille et à ses proches, «aux siens», dit Marc, qui s'émeuvent de cette situation et veulent y mettre bon ordre. Ils viennent de Nazareth pour lui faire remontrance et le ramener à la raison, «car ils se disaient : ‹Il est hors de lui !›»

Le sérieux contentieux entre Jésus et sa famille possède plusieurs causes.

Jésus révèle lui-même la première : «Un prophète n'est mésestimé que dans sa patrie, et parmi ses parents et dans sa maison [4].» Nombreux sont ceux qui éprouvent de la difficulté à reconnaître dans un de leurs familiers les signes d'un destin exceptionnel avant que celui-ci soit avéré.

Il est gênant pour une famille de voir un de ses membres devenir personnage public : il attire l'attention, provoque des oppositions, devient un objet de curiosité. La famille en ressent les contrecoups, risquant d'être dérangée, prise à partie, malmenée.

Ces réticences sont assez naturelles, conséquences obligatoires d'une situation exceptionnelle. Il est cependant une cause plus profonde au contentieux : Jésus quitte une famille pour en préférer une autre, plus vaste, moins homogène : des malades, des aveugles, des publicains, des Romains…

Il donne ainsi à sa famille le sentiment qu'il renonce au privilège d'une appartenance particulière, identifiable, cohérente, pour

---

3. Marc, chapitre 3, versets 20 et 21.
4. Marc, chapitre 6, verset 4.

embrasser une universalité que le mélange des situations sociales et des conditions de vie rend suspecte.

La famille est un lieu d'identification, et à cette époque encore plus que maintenant. Elle est le lieu de la solidarité première. Jésus, en la quittant pour une vie d'errance, semble lui ôter sa signification et sa valeur, blessant ses parents qui interprètent son attitude comme un rejet ou un mépris, en tout cas un basculement de préférence.

Ce ressort familial existe aussi chez nous. Plus nos efforts auront été grands afin de faire de nos familles des lieux d'épanouissement, de solidarité, de partage de valeurs, plus tout ce qui pourrait apparaître comme une mise en cause, un abandon, sera ressenti durement.

Les exemples concrets ne manquent pas. Tel enfant qui choisira de ne pas assister à la réunion annuelle de la famille élargie pour aller retrouver son groupe de camarades. Tel autre qui fera savoir qu'il n'est plus question pour lui d'accompagner ses parents et ses frères et sœurs le dimanche à l'église. Tel autre, marié, qui semblera se laisser accaparer par sa belle-famille.

Toutes ces situations, et bien d'autres encore, possèdent des significations douloureuses pour des parents : l'enfant, en manifestant une autre préférence, semble se détourner d'eux, des valeurs qui sont les leurs, du cadre de vie qu'ils ont patiemment constitué.

La mère et les frères de Jésus sont donc dehors, en dehors du cercle constitué autour de lui, exclus en quelque sorte de ce qui se passe autant que de son attention ou de sa préférence. Et ils ne peuvent pas l'atteindre, se faire reconnaître.

Nous n'avons pas besoin de beaucoup d'imagination pour percevoir ce qu'ils ressentent : de la souffrance et de la frustration.

Souffrance et frustration qui sont les nôtres aussi quand nos enfants s'éloignent, quand ils semblent nous rejeter, quand ils choisissent des chemins que nous n'aurions pas souhaités.

Incapables de s'approcher, ils ont recours à une médiation : « On lui dit : ‹ Voici ta mère, et tes frères, et tes sœurs dehors, qui te cherchent. › »

Ces personnes qui se font les intermédiaires entre Jésus et sa parenté agissent instinctivement au nom des valeurs familiales normales et partagées par tous : la famille est sacrée, lui permettre de se réunir est naturel.

Brutale nous apparaît la réponse de Jésus. « Il dit : ‹ Qui est ma mère ? Et mes frères ? › »

Il ne s'agit plus seulement de marquer un éloignement en choisissant un autre style de vie, mais de mettre en cause le principe même de la famille, le lien du sang, les années de soin et d'affection. Ce qui semble nié est bien plus large qu'un style d'existence, c'est la relation même de parenté qui devrait demeurer hors d'atteinte de toute mise en cause.

Les parents d'enfants adoptés percevront sans doute avec une grande d'acuité cette réponse de Jésus, la prenant comme un écho de ce qu'ils ont peut-être entendu de leurs enfants : « D'ailleurs, tu n'es pas mon père, tu n'es pas ma mère. »

Phrase brutale, elle aussi, née de la frustration que ressentent certains enfants de n'avoir pas été portés par leurs parents comme l'ont été les autres enfants.

Phrase de colère qui veut dire : « Tu n'as pas de droit sur moi puisque tu n'es pas vraiment mon père, pas vraiment ma mère ! »

Phrase de tristesse aussi qui pleure une absence incompréhensible : « Je ne connais pas mes ‹ vrais › parents. »

Les parents d'enfants adoptés ont appris, parfois dans le désarroi et toujours dans une longue patience, quelle était la vraie réponse à ces interjections de leurs enfants : nous ne sommes pas parents parce que nous avons donné la vie, mais parce que nous l'avons aidée à grandir.

Ensemble, parents naturels et parents adoptifs peuvent se dire quand leurs enfants deviennent véritablement leurs enfants.

Au cours de ces nuits sans sommeil où ils les berçaient dans leur berceau pour faire cesser leurs pleurs ?

Au moment où l'accoucheur proposait au père de couper lui-même le cordon ombilical ?

À un moment de grave inquiétude quand ils le conduisaient dans un service d'urgence ou de soins lourds quelques jours après sa naissance ?

Ou tout simplement au moment où ils le recevaient dans leurs bras, émerveillés du cadeau qui leur était fait ?

Ou peut-être encore au moment où, dans un pays lointain, après une si longue attente, l'enfant – les yeux bridés, les cheveux crépus, ou le teint de cuivre – leur a été remis pour devenir leur enfant ?

Un enfant a besoin à un certain moment de se poser la question : « Qui est mon père, qui est ma mère ? » parce qu'il a besoin d'objectiver cette relation première qui s'est imposée à lui pendant si longtemps. Il a besoin de n'être plus seulement le fils de… ou la fille de… pour devenir lui-même.

Cette interrogation, parfois tournée en mise en cause, est un passage obligé dont les parents ne connaissent ni le jour ni l'heure, même s'ils peuvent être attentifs à ses signes précurseurs.

Savoir que le développement normal de leur enfant passe par cette étape, douloureuse pour eux, leur permettra peut-être d'atténuer la brutalité de l'effet de surprise, et peut-être un peu de cette souffrance inévitable.

Nous devons être mis en cause par nos enfants, même si nous souhaiterions que cela se fasse dans la confiance plutôt que dans la défiance, dans le calme plutôt que dans la violence.

À cette question : « Qui es-tu, toi, mon père, toi, ma mère, responsables de la vie qui est la mienne, des gènes que je porte, des influences du milieu qui est le vôtre ? » que répondons-nous ?

Jésus a répondu, et sa réponse a de quoi surprendre.

« Promenant ses regards sur ceux qui étaient assis en cercle autour de lui, il dit : ‹ Voici ma mère et mes frères ! Quiconque fait la volonté de Dieu, celui-là est mon frère, et ma sœur, et ma mère. › »

Matthieu, dans sa relation de l'événement[5], est un peu plus explicite : « Et étendant la main vers ses disciples, il dit : ‹ Voici ma mère et mes frères ! Car quiconque fait la volonté de mon Père qui est dans les cieux, c'est lui qui est mon frère, et ma sœur, et ma mère. › »

Dans son texte, Marc dit que la famille de Jésus, selon celui-ci, est composée de tous ceux qui l'écoutent à ce moment. Matthieu, pour sa part, l'élargit à une catégorie de personnes, les disciples, ceux qui reçoivent son enseignement et le suivent.

De même, Marc évoque la « volonté de Dieu », tandis que Matthieu parle de la « volonté de mon Père qui est dans les cieux ».

Que dit Jésus en fait ? Une chose très simple : notre famille naturelle est notre famille naturelle, mais notre famille d'humanité est composée de ceux qui se reconnaissent enfants du Père des cieux.

La famille de nos enfants leur est imposée soit par naissance naturelle, soit par adoption, mais leur réalité « familiale » la plus profonde est d'être fils ou fille de Dieu.

Cet enseignement du Christ entraîne des conséquences bouleversantes pour les parents.

• *Première conséquence :* nous sommes pères et mères à l'image de Dieu. Le Christ s'est incarné pour nous révéler cette paternité de Dieu : la paternité que nous exerçons à l'égard de nos enfants nous rapproche

---

5. Matthieu, chapitre 12, verset 50.

de Dieu. L'homme est à l'image de Dieu, les parents sont à l'image de Dieu-Père.

• *Deuxième conséquence* : nous sommes les parents de nos enfants, mais nous ne sommes pas leurs seuls père et mère. Dieu est leur Père.

• *Troisième conséquence* : nous sommes en collaboration avec le Père dans l'éducation de nos enfants.

En quoi ces conséquences sont-elles bouleversantes si on accepte cette copaternité et cette comaternité ?

Première conséquence, nous sommes à l'image de Dieu-Père, et nous pouvons, en découvrant son visage, mieux savoir comment nous pouvons être de meilleurs parents.

C'est tout le pari de ce livre : découvrir dans l'Évangile le visage de Dieu-Père pour nous en inspirer[6].

Dieu est Père, son Fils nous le dit depuis deux mille ans, et nous avons toujours un peu de mal à admettre ce qui devrait nous frapper d'évidence : il est Père comme nous sommes parents nous-mêmes, Père aux bras plus largement ouverts que les nôtres, Père universel et définitivement disponible, Père attentif et veillant, Père discret et présent, Père souffrant dans sa paternité comme nous souffrons dans la nôtre, souffrant de l'amour donné qui parfois ne trouve pas d'écho ni de retour.

Il est Père heureux de voir son enfant qui marche seul, Père qui pleure sur son enfant malade, inquiet de son enfant qui emprunte des chemins de traverse, Père nié et retrouvé, Père qui se tient droit malgré le regard qui se détourne, Père qui attend, et attend, et passe son temps à attendre celui qui ne veut pas qu'on vienne le chercher, Père qui refuse de croire que son amour est inutile, donné en vain. Père qui

---

6. J'avais tenté dans *Les masques de dieu* (Éditions Anne Sigier) de dessiner le «portrait» de ce Dieu-Père. Les trois paragraphes suivants reprennent cette courte méditation.

souffre d'être Père loin de ses fils et refuse de se laisser envahir par l'idée que sa souffrance ne sert à rien.

Dieu est Père, mieux que nous ne sommes parents nous-mêmes, Père parfait que nous comprenons pour être parents imparfaits, Père pour nous comme nous sommes parents pour d'autres, et nous rejoignons Dieu, notre Père, mystère d'être parents qui rejoint le mystère de Dieu, mystère qui contemple un mystère et s'en trouve proche.

Deuxième conséquence : nous ne sommes pas les seuls père et mère de nos enfants. L'Évangile est très clair à ce sujet : « Et n'appelez personne votre ‹ père › sur la terre, car vous n'avez qu'un Père, le Céleste [7]. »

Cette affirmation si nette n'est pas aussi choquante qu'elle le semble. Elle établit que l'origine de toute vie est en Dieu, et que notre perception de nous-mêmes comme parents doit tenir compte d'une réalité : notre paternité-maternité n'est pas l'horizon ultime de nos enfants ; ils ont avant nous et au-delà de nous un Père qui est Dieu.

L'apôtre Paul le redit fermement : « Je plie les genoux devant le Père, de qui toute paternité aux cieux et sur la terre tire son nom. »

Notre rôle implique donc que nous indiquions à nos enfants d'où ils viennent, quelle est leur divine origine.

Cette prise de conscience de cette copaternité avec Dieu a des chances de changer notre perception de nous-mêmes comme parents et notre attitude à l'égard de nos enfants : nous ne sommes propriétaires ni de nos enfants ni de leur destin. Cela implique de notre part une certaine retenue dans notre façon d'être. Nous ne pouvons être des parents tout-puissants.

---

7. Matthieu, chapitre 23, verset 9.

L'enfant avait douze ans, fils aimant de parents emplis d'amour[8]. Une fête religieuse les avait menés à Jérusalem. Tandis qu'ils s'en retournaient, ses parents ne s'aperçurent pas que le garçon n'était plus avec eux.

Ils le crurent en compagnie d'amis, sans doute un peu plus loin dans le groupe qui avait décidé de voyager de conserve.

Ils revinrent jusqu'à la ville et, au bout de trois jours de recherche angoissée, le trouvèrent interrogeant et écoutant les spécialistes religieux qui siègent au temple. Ceux-ci étaient émerveillés de la profondeur du garçon.

Reproche des parents : « Mon enfant, pourquoi nous as-tu fait cela ? Vois ! Ton père et moi, nous te cherchons, tourmentés. »

Devant cette inquiétude dite sans colère, il n'eut que cette réponse : « Pourquoi donc me cherchiez-vous ? Ne saviez-vous pas que je dois être aux affaires de mon Père ? »

Il me semble qu'une joie profonde et discrète est réservée aux parents croyants quand ils constatent qu'un de leurs enfants passe de la reconnaissance de son lien filial à leur égard à la découverte de son lien tout aussi filial à l'égard de Dieu.

Il ne s'agit pas d'un abandon du fils ou de la fille envers ses parents de la terre, mais de l'entrée dans une plénitude de vie qui n'enlève rien à personne.

Luc continue : « Et il descendit avec eux et vint à Nazareth ; et il leur était soumis[9]. »

Troisième conséquence, nous sommes en collaboration avec le Père dans l'éducation de nos enfants.

---

8. Luc, chapitre 2, versets 46 à 50.
9. Luc, chapitre 2, verset 51.

Cette collaboration peut être ignorée ou tue, mais elle existe comme un fait incontournable si nous croyons aux paroles de Jésus.

Elle peut aussi être reconnue, acceptée, voulue, recherchée, et alors nous entrons dans un chemin étonnant de familiarité avec Dieu.

Les parents peuvent décider de tout renvoyer à un autre, de se laisser habiter par un autre. Ils peuvent découvrir dans le silence qu'ils sont parents sur la terre, reflets du Père des cieux pour leurs enfants, incarnation, aussi imparfaite qu'elle soit, de la paternité de Dieu pour leurs enfants.

Les parents peuvent entrer dans la connivence avec Dieu, car les parents peuvent rejoindre dans leur préoccupation de parents la sollicitude de Dieu-Père pour ses enfants de la terre.

Parents, images de Dieu ; Dieu, inspirateur des parents.

Cette connivence est donnée à tous les parents de la terre s'ils le veulent bien. Ils peuvent découvrir qu'ils partagent leur paternité-maternité avec Dieu, le Père des cieux. Ils peuvent découvrir que, pour aider leurs enfants à grandir, il leur faut partir à la rencontre de leur Père commun.

Ils peuvent découvrir dans le silence de leurs nuits qu'il leur faut aimer ce Dieu, le comprendre et le rejoindre, se laisser aimer et guider par lui.

Les parents de la terre peuvent décider de s'adresser au Père du ciel, de beaucoup lui parler, sans supplication et sans crainte, dans la paix et la disponibilité.

Ils peuvent se taire aussi, dans ces moments particuliers où ils laissent s'évader, s'écouler, se désagréger hors d'eux le bruit et l'inquiétude, les interrogations et les impatiences.

Ces moments où ils parviennent à faire taire un peu de leur vie, pour faire de la place, offrir un espace à celui avec lequel ils partagent leur paternité.

Les parents peuvent accepter de se trouver changés par cette connivence entretenue avec Dieu.

Il y a une prière particulière pour les parents partis à la découverte de la collaboration qui les unit à Dieu notre Père.

Prière des pères et des mères.

Prière qui prend du sens au dernier jour de leur vie, prière que nous aimerions pouvoir reprendre à notre compte quand nous atteindrons ce dernier jour.

Prière que nous aimerions faire nôtre le moment venu.

Prière, non pas dans le sens où elle demanderait quelque chose, mais simple tête-à-tête avec celui de qui vient toute paternité.

Prière dans le silence, au plus profond de notre cœur profond.

Moment de silence qui nous enveloppe, silence qui prend de plus en plus de place. Silence de la mort, dira-t-on, quand il sera temps. Silence que nous avons appris à aimer.

Ce silence que nous avons tant aimé. Notre silence de père et de mère devant nos enfants qui grandissaient. Notre pauvre silence d'homme devenu père, de femme devenue mère, notre silence devant la vie de nos enfants qui ont pris leur propre chemin.

Nos enfants, fils et filles du ciel, donnés pour nos enfants sur cette terre. Nos enfants assurément, mais fils et filles de Dieu, vraiment. Nos enfants par nos voisins appelés nos enfants. Mais nos enfants que nous avons toujours appelés des enfants de Dieu.

Nous avons été leurs parents de la terre comme abri pour leur naissance, leur guide à travers l'enfance, l'épaule qui soutenait leur sommeil, la main pour aide de leurs premiers pas.

Nous avons été le regard de leurs parents devant leur regard confiant, devant leur regard en quête.

Leur regard jour après jour se modifiant, regard de découverte. La découverte, nous l'avons espéré, en leur âme d'un autre visage, le visage d'un autre Père présent au cœur de leur âme.

Nous avons contemplé le mystère, le mystère et la familiarité du regard de nos enfants pour nos yeux de parents. Nous avons perçu un peu de leur âme.

Nous avons été les témoins de nos enfants se découvrant eux-mêmes.

Nous avons tenté d'être les parents qui, petit à petit, s'effacent pour que leur enfant grandisse, image de tous les hommes et femmes qui en eux s'effacent pour que leur Dieu semblablement y grandisse, hommes et femmes témoins émerveillés de la découverte de Dieu en leur âme.

Nous avons eu des songes semblables à tous les rêves des hommes et des femmes, rêve de route, rêve de laisser une trace, rêve de donner la vie, rêve d'être appelé à autre chose. Homme et femme parmi les autres hommes et les autres femmes qui ont au cœur l'incertitude de l'appel, tous les hommes et femmes qui n'osent croire leurs rêves, et pourtant tous hommes et femmes appelés.

Nous avons été parents parmi les autres parents, voulus par Dieu pour être son chemin parmi les hommes. Voulus comme asiles pour Dieu dans le monde, porteurs de Dieu dans ce monde, révélateurs, nous l'avons espéré, de Dieu pour nos enfants.

Nous avons été parents, et bien peu de ce que nous avons été a eu plus d'importance.

Nous avons été parents par instinct et par amour. Nous avons cru à l'amour, celui que nous ressentions, celui que nous discernions.

Nous avons voulu croire à l'amour malgré tout, malgré ce qui, dans le monde, nous incitait à ne pas y croire.

Nous avons vu l'amour de Dieu, qui était plus grand que le nôtre, et plus généreux et plus discret, plus respectueux.

Nous avons voulu lui rendre témoignage, comme nous le pouvions, écrivant, sans le vouloir et sans le savoir, une sorte d'évangile, un évangile particulier, qui voulait se faire le témoin de son amour pour les hommes, de l'amour du Père pour ses enfants de la terre, pour nos enfants.

Nous avons été des témoins. Imparfaits, et parfois hésitants.

Convaincus cependant que nous partagions avec lui ce que personne ne peut nous enlever : notre paternité et notre maternité.

Convaincus que, par cette paternité et cette maternité, nous étions proches de lui. Très proches. Unis. À jamais.

Évangile de Marc, chapitre 3, versets 31 à 35

Et viennent sa mère et ses frères qui, se tenant dehors, l'envoyèrent appeler. Et une foule était assise autour de lui.

Et on lui dit : « Voici ta mère, et tes frères, et tes sœurs dehors, qui te cherchent. »

Et, leur répondant, il dit : « Qui est ma mère ? et mes frères ? »

Et promenant ses regards sur ceux qui étaient assis en cercle autour de lui, il dit : « Voici ma mère et mes frères ! Quiconque fait la volonté de Dieu, celui-là est mon frère, et ma sœur, et ma mère. »

Table des matières

Achevé d'imprimer chez
MARC VEILLEUX IMPRIMEUR INC.,
à Boucherville,
en octobre deux mille quatre